CHÔMAGE

VOS NOUVEAUX DROITS

Catherine Doleux
Journaliste spécialiste des questions sociales

Quatrième édition
2005

PRAT
ÉDITIONS

CHEZ LE MÊME ÉDITEUR

LES CODES POUR TOUS

- Code civil
- Code pénal
- Code du travail

DES GUIDES PRATIQUES POUR TOUS

Argent

- Donations : le guide pratique
- Immobilier, comment investir ?
- Impôts : votre conseiller fiscal
- Tous vos avantages : comment en profiter ?
- Votre argent : pour mieux gérer, placer, faire fructifier

Droits et démarches

- 100 % légal
- 370 modèles de lettres et de contrats
- Agir en justice
- Le guide de toutes les formalités
- La laïcité en pratique
- Tous vos droits pour gagner, se défendre, réussir

Famille

- Adoption : le guide pratique
- Divorce : le guide pratique
- Famille, toutes les aides
- Famille : votre conseiller juridique
- Le guide familial
- PACS : le guide pratique
- Pensions alimentaires : faites respecter vos droits !
- Personnes handicapées : le guide pratique
- Successions : le guide pratique

Logement

- La copropriété de A à Z
- Logement : votre conseiller pratique
- Propriétaires – Locataires : qui paie quoi ?

- Servitudes et mitoyenneté : le guide pratique
- Troubles de voisinage : quels sont vos droits ?

Travail

- 35 heures : le guide pratique
- Accélérez votre carrière
- Associations : le guide pratique
- Cadres : tous vos droits
- Le conseiller pratique du salarié
- Créer son entreprise : le guide pratique
- Fonctionnaires, vos retraites après la réforme
- Le guide de tous les salaires
- Indépendants, vos retraites après la réforme
- Licenciement : tous vos droits
- Retraite : votre conseiller quotidien
- Salariés, vos retraites après la réforme
- Se défendre aux prud'hommes
- Vos droits aux congés : le guide pratique

COLLECTION « COMMUNAUTÉS »

- Gays et lesbiennes, quels sont vos droits ?
- Immigrés, quels sont vos droits ?
- Intermittents du spectacle, quels sont vos droits ?

Tous les codes et guides sont disponibles sur :
http://www.prat-fr.com

Si vous désirez recevoir une information sur nos publications, écrivez à :
Éditions Prat, Service Lecteurs - 2, rue Maurice-Hartmann, BP 62, 92133 Issy-les-Moulineaux Cedex

ISBN 2-85890-800-1
ISSN 1272-4955

PRÉFACE

Après une accalmie passagère, le chômage est reparti à la hausse. Près de 10 % de la population active est concernée, soit plus de 2 400 000 personnes.

L'actualité en matière des droits à l'assurance chômage est dense. Après la réforme des conditions d'exercice du PARE, et notamment de la période d'indemnisation, de nombreux « recalculés » ont obtenu gain de cause devant les tribunaux. Entre jurisprudence et position de l'UNEDIC, le flou est total pour ceux qui sont dans cette situation.

La réforme des retraites qui vient d'entrer en vigueur apporte également son lot de changements, notamment en modifiant le système des préretraites. Les 110 000 personnes concernées sont en droit d'obtenir les réponses à leurs nombreuses questions.

Le chômage augmente, les règles changent, les demandeurs d'emploi ont donc besoin, aujourd'hui plus qu'hier, de connaître leurs droits, les démarches et les aides qui pourront leur permettre de supporter cette situation difficile.

Cet ouvrage, parfaitement à jour des dernières réformes, vous présente les différents dispositifs. Quel que soit votre âge ou votre situation, vous y trouverez une présentation complète, précise et claire de chacun des régimes.

Puisse cet ouvrage vous apporter l'aide nécessaire pour vivre cette période difficile en pleine connaissance de vos droits.

Nicolas Corato
Responsable éditorial

COMMENT CONSULTER UNE PAGE DE CET OUVRAGE ?

Chômeurs de moins de 50 ans

À noter
Ne peuvent prétendre à l'indemnisation du chômage ni les fonctionnaires ni les dirigeants de société, sauf s'ils peuvent cumuler leur mandat social avec un contrat de travail.

En pratique

Info employeur

Il est très simple pour un employeur de se procurer une attestation. Il lui suffit d'en faire la demande par Minitel sur le 3614 ATEMI ou sur le 3614 ASSEDIC. Il recevra le document dans les 48 heures.
Il est même possible de les remplir en ligne sur le site Internet : www.assedic.fr

Attention
Des métiers particuliers
Certains salariés dont les conditions de travail sont particulières par le rythme, le lieu, la rémunération ou toute autre chose, relèvent de règles spécifiques pour l'indemnisation du chômage. Treize annexes au règlement général de l'assurance chômage complètent ou modifient certaines dispositions du règlement pour l'adapter aux particularités des professions suivantes :
– salariés à rémunération variable comme les VRP, les journalistes, le personnel navigant de l'aviation civile, les assistantes maternelles dont l'employeur est une personne morale de droit privé, les bûcherons-tâcherons, les agents rémunérés à la commission (annexe 1) ;
– marins du commerce et marins pêcheurs (annexe 2) ;
– dockers (annexe 3) ;
– travailleurs intermittents, travailleurs intérimaires des entreprises de travail temporaire (annexe 4) ;
– travailleurs à domicile (annexe 5) ;
– concierges d'immeubles d'habitation (annexe 6) ;
– personnel handicapé des ateliers protégés (annexe 7) ;
– personnel de la production cinématographique et audiovisuelle (an
– salariés travaillant hors de France (annexe 9) ;
– personnels intermittents du spectacle (annexe 10) ;
– employés de maison, assistantes maternelles au service des parti au pair (annexe 11) ;
– demandeur d'emploi qui après un CDD ont suivi une formation d congé individuel de formation (annexe 12) ;
– salariés qui, au regard de la législation de la Sécurité sociale, cotis forfaitaire. Par exemple : employés temporaires des associations de v sirs ; formateurs occasionnels ; porteurs de presse (annexe 13).

10

L'auteur vous alerte :

À noter
Des remarques et des recommandations sont ainsi soulignées vous permettant de faire face à toutes les situations.

En pratique
Des explications pratiques et concrètes vous permettant de comprendre rapidement la question traitée.

Attention
Des mises en garde.

Chômeurs de moins de 50 ans

Bon à savoir

La protection sociale des chômeurs

• Vos frais de maladie : vous êtes couvert ainsi que les membres de votre famille rattachés à vous pour la protection sociale tant que vous serez indemnisé à un titre ou à un autre (aide au retour à l'emploi, allocation unique dégressive, allocation de conversion, allocation de solidarité).
• Retraite de la Sécurité sociale : les périodes de chômage indemnisées comptent dans le nombre de trimestres d'assurance vieillesse pour le calcul de votre retraite.
En revanche, si vous n'êtes plus indemnisé parce que vous avez épuisé vos droits au chômage, ces périodes de chômage sans allocation sont assimilées à des trimestres d'assurance dans la limite de cinq ans sous réserve de remplir deux conditions : être âgé d'au moins 55 ans à la date de cessation de l'indemnisation et justifier d'au moins vingt ans de cotisations tous régimes d'assurance vieillesse de base confondus (lettre ministérielle du 9 avril 2002, circ. CNAV n° 2002/36, 14.6.2002).
Si cette double condition n'est pas respectée, la période de chômage non indemnisée donnera droit au maximum à une année d'assurance.
Sachez que cinquante jours de chômage valident un trimestre d'assurance vieillesse, dans la limite de quatre trimestres par an.
• Retraite complémentaire ARRCO et AGIRC (retraite des cadres). Des points de retraite complémentaire vous seront attribués pour les périodes de chômage indemnisées postérieures au 1er octobre 1967 à condition qu'elles interrompent des périodes validables par les caisses de retraites complémentaires.
Le nombre de points validés est déterminé sur la base du salaire de référence auquel sont appliqués au minimum, les taux de 6 % pour les points ARRCO et 16 % pour les points AGIRC.
Notez que les cotisations de retraite complémentaire (voir page 32) prélevées sur les allocations de chômage ne servent pas à acquérir des points mais constituent une participation au financement des régimes de retraite complémentaire.

Questions-réponses

Est-ce que tous les licenciements ouvrent droit à l'allocation de chômage ?
Dès lors que le contrat de travail a été rompu par l'employeur, l'ASSEDIC indemnise le chômage et ne se préoccupe nullement de la raison pour laquelle les relations de travail ont pris fin. Même le comportement répréhensible du salarié (le vol, par exemple) ne fera pas obstacle à l'indemnisation. Mais son emprisonnement éventuel remettra en cause le versement de ses allocations parce qu'il ne sera pas considéré comme demandeur d'emploi. ▸

44

L'auteur vous alerte :

DES ENCADRÉS :

- Bon à savoir
Ce sont des informations indispensables dont vous avez besoin au quotidien.

- Questions-réponses
Des réponses immédiates aux questions que vous vous posez.

COMMENT SE SERVIR DE CET OUVRAGE ?

◆ **CHÔMAGE - VOS NOUVEAUX DROITS** vous présente de façon logique, claire et précise l'ensemble des dispositifs mis en place pour indemniser les personnes en recherche d'emploi et résorber le chômage.

Cet ouvrage divisé en trois parties répond à toutes les questions que chaque demandeur d'emploi peut se poser en fonction de son âge ou de sa situation familiale.

◆ *L'indemnisation des chômeurs de moins de 50 ans* (p. 5) : l'auteur présente les différentes facettes de l'allocation chômage. En effet, depuis 2003, deux régimes coexistent. L'un s'applique aux chômeurs qui étaient déjà en cours d'indemnisation au 1er janvier 2003, l'autre aux salariés dont le contrat de travail a été rompu après cette date. La fin de droit est également abordée à travers les allocations de dernier recours comme l'allocation d'insertion, le RMI ou le nouveau dispositif RMA.

◆ *L'indemnisation des chômeurs de plus de 50 ans* (p. 89) : des allocations spécifiques ont en effet été mises en place pour les salariés âgés qui se retrouvent sans emploi et qui bénéficient également de droits supplémentaires.

◆ *Les différentes formes de préretraite* (p. 113) : l'auteur décrit les différentes formes de préretraite ainsi que les allocations auxquelles cette catégorie de demandeurs d'emploi peut prétendre. Sont également présentées les modifications issues de la réforme des retraites et la disparition de l'ARPE (allocation de remplacement pour l'emploi).

Chaque fois que cela a été possible, des encadrés grisés sont insérés permettant de mettre en exergue des informations importantes, pratiques et concrètes.
Une table des matières est placée au début de chacune des parties. N'hésitez pas à la consulter pour vous familiariser avec la structure de l'ouvrage.

En outre en fin d'ouvrage, vous trouverez :

◆ **Les modèles** (p. 159) dont vous pourrez utilement vous servir lors de vos démarches.

◆ **Les textes de loi** (p. 167) et plus particulièrement la nouvelle convention chômage du 1er janvier 2004 relative à l'aide au retour à l'emploi et à l'indemnisation du chômage.

◆ **Le lexique** (p. 203) qui vous permettra de comprendre, le cas échéant, le sens des termes utilisés.

◆ **L'index alphabétique** (p. 211) afin de repérer directement la page où figure l'information recherchée.

LISTE DES ABRÉVIATIONS

ACA	: allocation de chômeurs âgés
ACCRE	: aide aux chômeurs et repreneurs d'entreprise
AFPA	: association pour la formation professionnelle des adultes
AFR	: allocation de formation reclassement
AGED	: allocation de garde d'enfant à domicile
AGIRC	: association générale des institutions de retraite des cadres
ANPE	: agence nationale pour l'emploi
APEC	: association pour l'emploi des cadres
ARE	: allocation de retour à l'emploi
ARPE	: allocation de remplacement pour l'emploi
ARRCO	: association des régimes de retraite complémentaire
ASA	: allocation spécifique d'attente
ASS	: allocation de solidarité spécifique
ASSEDIC	: association pour l'emploi dans l'industrie et le commerce
AUD	: allocation unique dégressive
BTP	: bâtiments travaux publics
CAF	: caisse d'allocations familiales
CATS	: cessation d'activité de certains travailleurs salariés
C. cass., soc.	: Cour de cassation, chambre sociale
CDD	: contrat de travail à durée déterminée
CDI	: contrat de travail à durée indéterminée
CEC	: contrat emploi consolidé
CES	: contrat emploi-solidarité
CIO	: centre d'information et d'orientation
CNAM	: caisse nationale d'assurance maladie
CRDS	: contribution au remboursement de la dette sociale
CSG	: contribution sociale généralisée
DDTEFP	: direction départementale du travail et de l'emploi et de la formation professionnelle
DGEFP	: direction générale de l'emploi et de la formation professionnelle
EDF	: Électricité de France
ETT	: entreprise de travail temporaire
FNE	: fonds national de l'emploi
GRETA	: groupement d'établissements publics d'enseignement
JO	: Journal officiel
PACS	: pacte civil de solidarité
PARE	: plan d'aide au retour à l'emploi
PAP	: projet d'action personnalisé
RMI	: revenu minimum d'insertion
SJR	: salaire journalier de référence
SMIC	: salaire minimum de croissance
VRP	: voyageur représentant placier

TABLE DES MATIÈRES

L'INDEMNISATION DES CHÔMEURS DE MOINS DE 50 ANS

L'INDEMNISATION DES CHÔMEURS DE PLUS DE 50 ANS

LES DIFFÉRENTES FORMES DE PRÉRETRAITE ET DE DÉPARTS ANTICIPÉS

L'INDEMNISATION DES CHÔMEURS DE MOINS DE 50 ANS

Dernière heure

LE PLAN DE COHÉSION SOCIALE

Jean-Louis Boorlo a présenté en conseil des Ministres, mercredi 30 juin 2004, son plan de cohésion sociale qui s'articule autour de trois axes : l'emploi, l'accès au logement et l'égalité des chances. Ainsi, pour lutter contre le chômage, plusieurs programmes seraient mis en chantier parmi lesquels on peut citer :

- La création des maisons de l'emploi : associant tous les partenaires de la politique de l'emploi (ANPE, ASSEDIC, AFPA, APEC, collectivités territoriales...).

Les maisons de l'emploi auraient pour mission de recenser les ressources humaines et de prévoir les besoins locaux en terme d'emplois, d'offrir des services d'aide à la création de son propre emploi pour les chômeurs, de traiter le cas particulier des chômeurs en difficulté... ;

- La création d'un dossier unique du demandeur d'emploi : accessible en tout point des réseaux, il faciliterait les démarches ;
- La réforme du service public de l'emploi : suppression du monopole de placement de l'ANPE, ouverture des opérations de placement à des opérateurs privés ;
- La redéfinition équilibrée des droits et des devoirs du demandeur d'emploi : mise en place d'un système d'accompagnement efficace en contrepartie de quoi le chômeur sera tenu à une recherche assidue d'un travail et à une participation active au programme de formation ; faute de quoi des sanctions graduées pourront être prononcées contre les chômeurs ;
- L'accompagnement de 800 000 jeunes en difficulté vers un emploi durable : développement de l'apprentissage et des contrats de professionnalisation, des formations en alternance dans le secteur public, mise en place d'un droit à la formation ;
- Le retour à l'emploi des chômeurs de longue durée : simplification des contrats aidés et assouplissement de la législation sur le contrat à durée déterminée et l'intérim ;
- La création d'un nouveau contrat aidé appelé le contrat d'activité : il sera ouvert à toutes les personnes titulaires du RMI ou de l'ASS depuis plus de 6 mois. Il représenterait entre 26 et 35 heures de travail hebdomadaire réparties entretemps de travail et de formation et rémunérées au SMIC.

VOS DROITS AU CHÔMAGE

Perdre son emploi, c'est perdre son salaire. L'assurance chômage prend alors le relais et assure, sur une période plus ou moins longue en fonction de la carrière passée, un revenu de remplacement. Or, le régime de l'assurance chômage, pour tenir compte de la reprise économique passée, a été remanié par les partenaires sociaux à travers la convention du 1er janvier 2001 relative à l'aide au retour à l'emploi et à l'indemnisation du chômage.

Conclue pour une période de trois ans, elle devait s'appliquer dans sa rédaction initiale jusqu'au 31 décembre 2003. Cependant, le déficit budgétaire toujours plus important de l'UNEDIC a obligé les partenaires sociaux à revoir le dispositif à deux reprises : un premier train de mesures d'économie a été appliqué au 1er juillet 2002 et un deuxième beaucoup plus sévère au 1er janvier 2003.

Ce tour de vis qui s'est traduit par une réduction des durées d'indemnisation s'est appliqué non seulement aux nouveaux chômeurs mais également aux anciens chômeurs appelés les « recalculés ». C'est ainsi qu'en janvier 2004, 265 chômeurs ont cessé de percevoir leurs allocations plusieurs mois avant la date prévue. Après plusieurs épisodes judiciaires, ces chômeurs ont retrouvé leurs droits. Une nouvelle convention d'assurance chômage revue et corrigée a donc vu le jour : il s'agit de la convention du 1er janvier 2004 agréée par les arrêtés du 28 mai 2004 (JO du 29.5.2004).

Pour trouver le thème qui vous intéresse, consultez la table des matières en début de volume ou l'index alphabétique en fin de volume.

PREMIÈRES DÉMARCHES

Lorsque vous perdez votre emploi, un ensemble de démarches est à entreprendre rapidement. Afin que votre demande d'allocation soit instruite dans les meilleures conditions possibles et pour ne pas prendre le risque de perdre des droits, quelques précautions sont à prendre.
Tout salarié travaillant dans le secteur privé cotise à l'assurance chômage et s'adressera à l'ASSEDIC pour obtenir ses allocations. Mais qu'en est-il pour les salariés non-fonctionnaires du secteur public ? Ils ont droit aux allocations de chômage s'ils perdent leur emploi, mais l'organisme payeur sera selon le cas, soit l'employeur public s'il pratique l'auto-assurance, soit les ASSEDIC si l'employeur a adhéré directement au régime d'assurance chômage ou encore s'il a signé une convention de gestion.

EXIGEZ L'ATTESTATION EMPLOYEUR

Dans tous les cas sachez que pour déterminer vos droits, les ASSEDIC exigent « l'attestation employeur ». Quel que soit le motif de la rupture du contrat, vous devez partir de l'entreprise avec ce document, un certificat de travail et le reçu pour solde de tout compte.
Cette attestation est essentielle : des mentions portées et des cases cochées dépend le versement des allocations. Aussi la vigilance est-elle de rigueur !
Vous devez être particulièrement attentif à la qualification de la rupture : s'agit-il d'une démission, d'un licenciement, d'une fin de contrat à durée déterminée, d'une rupture en période d'essai, d'un départ négocié... ? Toutes n'ont pas les mêmes conséquences sur vos droits.
De même, le montant de l'indemnité de rupture du contrat joue sur l'indemnisation : une indemnité de rupture supérieure à l'indemnité de licenciement légale, par exemple, entraîne automatiquement l'application d'un délai appelé « carence spécifique » qui repoussera le premier jour de versement des allocations de chômage (voir les rubriques *La durée d'indemnisation* et *Le début de l'indemnisation*).
Un mauvais libellé peut donc avoir des conséquences fâcheuses sur vos allocations et vous obliger à engager une action en justice pour que la rupture du contrat soit requalifiée.
Vous devez également vérifier, avec vos bulletins de salaire en main, le cadre dans lequel votre ancien employeur a porté tous les revenus que vous avez perçus pendant les douze derniers mois, et enfin la présence du cachet de l'entreprise.
Si vous relevez la moindre erreur, il vous faudra demander d'urgence une attestation rectificative à votre ancien employeur.

À noter

Ne peuvent prétendre à l'indemnisation du chômage ni les fonctionnaires ni les dirigeants de société, sauf s'ils peuvent cumuler leur mandat social avec un contrat de travail.

En pratique

Info employeur

Il est très simple pour un employeur de se procurer une attestation. Il lui suffit d'en faire la demande par Minitel sur le 3614 ATEMI ou sur le 3614 ASSEDIC. Il recevra le document dans les 48 heures.
Il est même possible de les remplir en ligne sur le site Internet : www.assedic.fr

Attention

Des métiers particuliers

Certains salariés dont les conditions de travail sont particulières par le rythme, le lieu, la rémunération ou toute autre chose, relèvent de règles spécifiques pour l'indemnisation du chômage. Treize annexes au règlement général de l'assurance chômage complètent ou modifient certaines dispositions du règlement pour l'adapter aux particularités des professions suivantes :

– salariés à rémunération variable comme les VRP, les journalistes, le personnel navigant de l'aviation civile, les assistantes maternelles dont l'employeur est une personne morale de droit privé, les bûcherons-tâcherons, les agents rémunérés à la commission (annexe 1) ;

– marins du commerce et marins pêcheurs (annexe 2) ;

– dockers (annexe 3) ;

– travailleurs intermittents, travailleurs intérimaires des entreprises de travail temporaire (annexe 4) ;

– travailleurs à domicile (annexe 5) ;

– concierges d'immeubles d'habitation (annexe 6) ;

– personnel handicapé des ateliers protégés (annexe 7) ;

– personnel de la production cinématographique et audiovisuelle (annexe 8) ;

– salariés travaillant hors de France (annexe 9) ;

– personnels intermittents du spectacle (annexe 10) ;

– employés de maison, assistantes maternelles au service des particuliers, employés au pair (annexe 11) ;

– demandeur d'emploi qui après un CDD ont suivi une formation dans le cadre d'un congé individuel de formation (annexe 12) ;

– salariés qui, au regard de la législation de la Sécurité sociale, cotisent sur une base forfaitaire. Par exemple : employés temporaires des associations de vacances ou de loisirs ; formateurs occasionnels ; porteurs de presse (annexe 13).

L'ASSOCIATION POUR L'EMPLOI DANS L'INDUSTRIE ET LE COMMERCE (ASSEDIC) : GUICHET UNIQUE

Vous devez vous inscrire auprès de l'ASSEDIC comme demandeur d'emploi et déposer votre demande d'allocation. Prenez contact avec votre ASSEDIC ou demandez par téléphone ou par courrier le dossier unique qui servira à la fois à votre inscription sur la liste des demandeurs d'emploi et à enregistrer votre demande d'allocation (voir modèle). Vous devez personnellement remettre le dossier à l'ASSEDIC dans les cinq jours qui suivent (non compris les samedi, dimanche et jours fériés). En respectant ce délai, l'inscription prend effet à compter du jour de la demande du formulaire. Si ce délai n'est pas respecté, l'inscription comme demandeur d'emploi sera effective à la date de retour du document. Ce retard peut naturellement retentir sur la date de versement des allocations.
Si vous habitez une petite localité, trop éloignée d'une antenne ASSEDIC, vous pouvez vous adresser à la mairie. En effet, le maire est chargé de recevoir les déclarations des demandeurs d'emploi et de les transmettre à l'organisme compétent.

➤ Papier en poche

Pour ne pas être pris au dépourvu, sachez qu'en plus de votre dossier, il vous sera demandé de présenter les documents suivants :
- une pièce d'identité : carte nationale d'identité, permis de conduire, passeport ;
- un titre de séjour ou d'autorisation de travail pour les étrangers (sauf ressortissants européens, en France depuis moins de trois mois).

Pour la demande d'allocation, il vous sera demandé en plus :
- votre carte d'assuré social : vous devrez présenter la copie de l'attestation reçue en même temps que la carte Vitale. En cas de perte demandez une attestation à votre caisse primaire d'assurance maladie ;
- l'original de l'attestation que l'employeur vous a obligatoirement remise lors de votre départ ;
- un relevé d'identité postal ou bancaire.

➤ La signature du plan d'aide au retour à l'emploi (PARE)

C'est au moment de l'inscription comme demandeur d'emploi auprès de l'ASSEDIC que vous signerez le plan d'aide au retour à l'emploi (PARE), en même temps que votre demande d'allocation. Par ce plan, l'ASSEDIC s'engage à verser l'allocation dite d'aide au retour à l'emploi (ARE) et à faciliter, en partenariat avec l'ANPE, les démarches et le reclassement professionnel du demandeur d'emploi, à l'informer de ses droits. De votre côté, vous vous engagez à rechercher un emploi conformément aux obligations prévues par le Code du travail ; donner suite ou opposer un refus légitime aux offres d'emploi proposées correspondant à vos capacités professionnelles et aux qualifications résultant de vos diplômes ; vous présenter aux entretiens ; renvoyer les pièces justificatives ; à ne pas faire de déclarations mensongères ou commettre des fraudes. Le PARE déclenche la proposition par l'ANPE d'un entretien approfondi et l'élaboration du PAP (plan d'action personnalisé). Régulièrement, l'ASSEDIC veillera au respect des engagements pris avec des passages clés en cas de non-retour à l'emploi au sixième mois et au douzième mois (art. 17 du nouveau règlement).

➤ L'entretien à l'agence nationale pour l'emploi (ANPE)

Cet entretien doit se tenir au plus tard dans le mois suivant votre inscription sur la liste des demandeurs d'emploi. Son objet est de cerner « votre profil » et notamment votre degré d'autonomie dans la recherche d'emploi pour déterminer les actions à développer pour vous soutenir.

➤ La signature du projet d'action personnalisé (PAP)

Le PAP définit les mesures d'accompagnement individualisées à mettre en place pour favoriser un retour rapide à l'emploi.
Ce plan d'aide personnalisé établi par le demandeur d'emploi et l'ANPE a pour objet de déterminer :
- les types d'emplois qui correspondent à la qualification et aux capacités professionnelles du demandeur, à un taux de salaire normalement pratiqué dans la profession et la région dans laquelle il recherche un emploi ;
- les types d'emplois vers lesquels le demandeur souhaite éventuellement se reconvertir ;
- les actions appropriées pour soutenir la recherche d'emploi et favoriser le retour au travail : examen des capacités professionnelles, bilan de compétences approfondi, actions de formation...
- les moyens susceptibles d'être accordés par l'ASSEDIC : aide à la formation (voir page 74), aide à la mobilité géographique, aide dégressive à l'employeur.

Dans le cadre du PAP vous vous engagez, en fonction de votre degré d'autonomie en matière de recherche d'emploi, à participer :
- à l'évaluation de vos capacités professionnelles ;
- aux entretiens réguliers réalisés en vue d'un accompagnement personnalisé ;
- aux actions définies avec l'ANPE dans le PAP.

Si vous arrivez à l'entretien en ayant mis sur pied un plan de recherche d'emploi viable, il constituera le PAP. Dans tous les cas, vous devez rechercher un emploi et être en mesure de prouver vos démarches.

◆ *Actualisation du PAP*

Si dans les six mois de la signature du PARE, le chômeur n'a pas retrouvé un emploi ou si aucune proposition correspondant à ses capacités et qualifications compatible avec ses possibilités de mobilité géographique et rétribuée à un taux de salaire normalement pratiqué dans la région et la profession ne lui a été faite, une actualisation du PAP est opérée. Celle-ci peut déboucher sur un bilan de compétences approfondi (art. 17 du nouveau règlement). Pendant une nouvelle période de six mois, l'allocation est maintenue. En contrepartie, le salarié privé d'emploi doit répondre aux propositions d'embauche qui entrent dans le champ de ses compétences. Il devra, en outre, participer aux actions de formation préconisées lors de l'actualisation du PAP.

Au-delà de douze mois, l'ANPE doit accentuer ses efforts et veiller à lui faire acquérir l'expérience nécessaire à une embauche. Le reclassement du chômeur pourra intervenir dans le cadre du dispositif d'aide dégressive aux employeurs (voir ci-dessous). Pour les chômeurs âgés de 50 ans et plus, l'aide dégressive aux employeurs sera proposée après trois mois de chômage seulement (art. 17 du nouveau règlement).

Attention

Les emplois offerts devront être compatibles avec la spécialité ou la formation antérieure du chômeur, ses possibilités de mobilité géographique compte tenu de sa situation personnelle et familiale, et rétribués à un taux de salaire normalement pratiqué dans la profession et la région.

◆ *Suivi du PAP par l'ASSEDIC*

L'ASSEDIC examine régulièrement, à partir des informations enregistrées par l'ANPE, les conditions de réalisation des engagements pris par le chômeur dans le cadre du PAP.

Vous pouvez être convoqué par l'ASSEDIC si cet organisme constate, à l'issue d'un examen des informations de l'ANPE :

- le non-accomplissement d'actions du PAP ;
- le refus de répondre à une ou plusieurs offres d'emploi ou de formation présentées par l'ANPE ;
- l'absence de régularité ou de cohérence des démarches entreprises en vue du reclassement...

Vous recevrez une convocation dix jours avant la date de l'entretien. Si vous ne vous présentez pas mais motivez votre absence, une nouvelle convocation vous sera adressée. En revanche, si vous ne fournissez aucune explication de votre absence, un avis de suspension de versement des allocations avec une nouvelle convocation vous parviendra au moins cinq jours avant la date de l'entretien prévu. Sans nouvelle de votre part, le versement des allocations sera suspendu et votre dossier transmis à la Direction départementale du travail, de l'emploi et de la formation professionnelle (DDTEFP).

L'ASSEDIC peut également transmettre votre dossier à la DDTEFP en cas de doute sur la réalité de vos démarches pour retrouver un emploi ou sur votre volonté de suivre une formation. Le risque est, dans ce dernier cas, une exclusion du régime (voir page 38).

◆ *Des aides à la clé*

L'engagement dans un PAP donne droit à différents types d'aides au reclassement :

– Les aides à la mobilité géographique : elles sont réservées aux personnes bénéficiaires ou pouvant bénéficier de l'allocation de retour à l'emploi, embauchées à temps plein ou à temps partiel sous contrat à durée indéterminée ou contrat à durée déterminée d'au moins douze mois dans un autre bassin d'emploi que celui dans lequel l'emploi précédent était exercé. L'aide est destinée à compenser les frais de déplacement ou de séjour exposés par l'allocataire, ainsi qu'une partie des frais de déménagement, de réinstallation ou tout autre frais lié au changement de résidence de l'intéressé et, le cas échéant, de sa famille. L'emploi doit être éloigné du domicile habituel d'un nombre minimum de kilomètres déterminé par chaque ASSEDIC, lequel ne peut être inférieur à 50 km aller-retour. La condition d'éloignement peut aussi être exprimée en temps ; son seuil minimum est alors de deux heures aller-retour (accord n° 11 modifié par l'avenant du 21.5.2003). Renseignez-vous auprès de l'ANPE pour connaître les conditions d'éloignement exigées par votre ASSEDIC (elles peuvent être plus strictes).

La demande d'aide est faite par l'intermédiaire de l'ANPE qui la transmet à l'ASSEDIC. Elle est instruite dans un délai de cinq jours. Dans les cinq jours suivants, la décision d'attribution ou de refus est notifiée à l'intéressé. L'aide correspond au montant des frais engagés dans la limite de 1 897 € au 1er juillet 2004.

L'ASSEDIC vous versera l'aide en fonction de la déclaration sur l'honneur des frais que vous avez exposé, mais peut à tout moment vous demander des justificatifs des frais déclarés. Une avance de frais peut être accordée sur présentation d'un devis.

À noter

L'aide peut également être versée directement à l'organisme chargé d'assurer l'accompagnement de votre mobilité (aide aux démarches administratives, aide à la recherche d'un logement, inscription scolaire, etc.).

– Les aides pour congés non payés : le chômeur qui reprend un emploi et qui n'a pas acquis de congés payés lors de la fermeture annuelle de son entreprise pourra obtenir une aide de l'ASSEDIC. Cette dernière ne pourra dépasser le montant des allocations qu'il aurait perçues au chômage (art. 47 du nouveau règlement).

– Aide à une formation préalable à l'embauche : un employeur se propose de vous embaucher à condition que vous suiviez, au préalable, une formation. L'ASSEDIC peut prendre en charge cette formation. Mais l'employeur doit vous embaucher sous contrat à durée indéterminée ou déterminée d'au moins six mois. Pendant cette formation l'ASSEDIC continue à vous verser les allocations de chômage. Pour obtenir cette aide vous devez vous adresser à l'ANPE.

– Pour les salariés privés d'emploi depuis douze mois et plus (trois mois pour les plus de 50 ans), une aide dégressive peut être attribuée à l'employeur qui l'embauche sous contrat à durée indéterminée ou à durée déterminée de douze à dix-huit mois.

Attention

Si l'activité exercée dans le cadre du dispositif de l'aide dégressive à l'employeur est à temps partiel, vous pouvez désormais cumuler, dans certaines limites, le salaire d'activité avec l'allocation d'aide au retour à l'emploi (ARE). L'aide à l'employeur est naturellement ajustée en conséquence.

Votre employeur ne pourra prétendre à l'aide s'il vous propose un contrat de saisonnier, ou donnant droit à une aide de l'État.

L'aide versée par l'ASSEDIC est égale à un pourcentage du salaire d'embauche sans toutefois dépasser le montant de la dernière allocation versée.

Pour un contrat à durée indéterminée les pourcentages sont les suivants :

- 40 % du salaire d'embauche pour la première année ;
- 30 % du salaire d'embauche pour la deuxième année ;
- 20 % du salaire d'embauche pour la troisième année.

Pour un contrat à durée déterminée, les pourcentages sont les suivants :

- 40 % du salaire d'embauche pendant le premier tiers de la période du contrat de travail ;
- 30 % du salaire d'embauche pendant le deuxième tiers de la période du contrat de travail ;
- 20 % du salaire d'embauche pendant le troisième tiers de la période du contrat de travail.

L'aide peut être versée durant trois ans au maximum, dans la limite des droits au chômage du salarié embauché.

À noter

Si vous êtes embauché à temps partiel et bénéficiez du cumul de l'allocation de chômage avec un salaire (voir page 52), le montant de l'aide versé à l'employeur sera affecté d'un coefficient égal au quotient de votre horaire de travail par l'horaire applicable dans l'entreprise.

Exemple : pour une aide dégressive de 200 € et un salarié travaillant 21 heures par semaine alors que l'horaire hebdomadaire de l'entreprise est de 35 heures par semaine, l'employeur percevra 200 € x 21/35 soit 120 €.

– Une aide à la formation (voir la rubrique *Le chômage : un temps pour la formation*).

En pratique

Vos interlocuteurs

– L'ASSEDIC (Association pour l'emploi dans l'industrie et le commerce) : cette association est gérée par les syndicats patronaux et salariés. Toutes les ASSEDIC, depuis le 1er janvier 1998 inscrivent les demandeurs d'emploi, enregistrent le renouvellement de leur inscription et les modifications affectant leur situation. Elles gardent, néanmoins, leur mission originelle : verser les allocations de chômage. C'est donc à l'ASSEDIC que vous vous adresserez pour tout ce qui concerne le montant et le versement des prestations. Elles sont enfin chargées, pour le compte de l'État, de gérer et de verser les allocations du régime de solidarité (allocation de solidarité spécifique et allocation d'insertion). Site Internet : www.assedic.fr

– La commission paritaire de l'ASSEDIC : composée d'un nombre égal de représentants des organisations d'employeurs et de salariés signataires de la convention d'assurance chômage, elle est saisie pour examiner certaines situations particulières telles que l'indemnisation après une démission, le maintien des allocations à partir de 60 ans après une démission, un départ volontaire d'une formation...

– L'ANPE (Agence nationale pour l'emploi) est un service public qui a pour mission d'enregistrer les offres d'emploi et de proposer un travail aux chômeurs. Elle organise une information générale sur les métiers, un entretien systématique et offre différents stages pour accompagner le chômeur dans ses recherches (entraînement à la recherche d'emploi, bilan de compétences...) et enfin contrôle la réalité des démarches pour trouver un emploi. Site Internet : www.anpe.fr

– L'APEC est l'Association pour l'emploi des cadres. Vous pourrez y adhérer si vous avez cotisé à une caisse de retraite des cadres (régime AGIRC) ou si vous vous êtes jeune diplômé depuis moins d'un an, de niveau bac + 4. Elle aide les cadres dans leurs recherches d'emplois.

Site Internet : www.apec.asso.fr

– La Direction Départementale du Travail de l'Emploi et de la Formation Professionnelle (DDTEFP) contrôle la réalité des recherches d'emploi, informe sur les droits du travail.

Le classement des demandeurs d'emploi

Lors de votre inscription comme demandeur d'emploi, vous serez classé dans l'une des catégories de demandeurs d'emploi suivantes :

– catégorie 1 : personnes sans emploi, immédiatement disponibles, à la recherche d'un contrat à durée indéterminée à plein temps ;

– catégorie 2 : personnes sans emploi, immédiatement disponibles, à la recherche d'un emploi à durée indéterminée à temps partiel ;

– catégorie 3 : personnes sans emploi, immédiatement disponibles, à la recherche d'un emploi à durée déterminée, temporaire ou saisonnier, y compris de très courte durée ;

▶

En pratique

– catégorie 4 : personnes sans emploi, non immédiatement disponibles, à la recherche d'un emploi (il peut s'agir de personnes en arrêt maladie par exemple);
– catégorie 5 : personnes pourvues d'un emploi à la recherche d'un autre emploi. Seule une inscription dans l'une des trois premières catégories permet une indemnisation au titre du chômage.

Trois catégories sont réservées aux personnes exerçant une activité réduite de plus de 78 heures par mois:
– catégorie 6 : personne recherchant un autre emploi à temps plein ou un contrat à durée indéterminée;
– catégorie 7 : personne à la recherche d'une autre emploi en CDI à temps partiel;
– catégorie 8 : personne à la recherche d'un autre emploi temporaire ou saisonnier, même de très courte durée.

À noter

Politique de l'emploi : vers la décentralisation
Si l'emploi relève de la compétence de l'État, la mise en œuvre de la politique de l'emploi s'appuiera désormais sur une stratégie régionale portée par le service public de l'emploi qui associera les acteurs de la vie économique et les collectivités locales.
Deux axes devront être développés :
– le retour ou l'accès facilité à l'emploi marchand des publics qui en sont le plus éloignés;
– l'anticipation des effets sociaux des mutations économiques.
Il s'agit pour l'ANPE avec les conseils régionaux de préparer, entre autre, une politique de formation et d'insertion.

SIX CONDITIONS POUR PERCEVOIR UNE ALLOCATION DE CHÔMAGE

Six conditions sont à remplir pour pouvoir prétendre aux allocations de chômage.

NE PAS PARTIR DE L'ENTREPRISE DE SA PROPRE INITIATIVE

Les ASSEDIC n'indemnisent, en principe, que les salariés qui ont perdu involontairement leur emploi (art. 2 du nouveau règlement). Ainsi, le licenciement, quel qu'en soit le motif, donne droit aux allocations. La faute grave, pas plus que la faute lourde ne fait obstacle au versement des prestations.

De même, le chômage consécutif à une fin de contrat à durée déterminée est involontaire ; tout comme l'est la rupture du contrat pour motif économique même si le départ est négocié.
Par ailleurs, certaines démissions sont considérées comme légitimes et induisent les mêmes conséquences que le licenciement.

Attention
L'ASSEDIC analyse la rupture du dernier contrat de travail. Toutefois, si le dernier contrat a duré moins de trois mois, c'est la rupture du précédent contrat qui sera pris en compte. Il existe, néanmoins, quelques atténuations à ce principe.

➤ La démission

Lorsque vous démissionnez, vous prenez l'initiative de rompre le contrat et ne pouvez, en principe, pas prétendre aux allocations. Toutefois, des exceptions tempèrent cette règle drastique. Treize motifs de démission sont, en effet, reconnus légitimes par l'assurance chômage et vous donnent droit aux allocations (délibération UNEDIC 10 et 10 bis). Il en sera ainsi dans les situations suivantes :

- vous avez moins de 18 ans et vous démissionnez pour suivre vos parents ou votre tuteur : peu importe le motif du déménagement ;
- vous démissionnez pour suivre votre conjoint ou concubin qui change de domicile pour exercer une nouvelle activité professionnelle : son entreprise le mute, il change d'employeur ou d'activité, il retrouve un emploi après une période de chômage, il crée ou reprend une entreprise ou se lance dans une activité indépendante ;

Attention
Le départ à la retraite de votre conjoint ne peut justifier votre démission.

- vous démissionnez pour aller rejoindre ou suivre votre futur conjoint : le mariage doit intervenir au plus tard deux mois après le départ de l'entreprise ; vous pouvez même vous marier avant la fin du contrat. Mais là encore, deux mois maximum doivent séparer les deux événements. La signature d'un pacte civil de solidarité (PACS) donne les mêmes droits ;
- vous démissionnez parce que vous avez été victime d'un acte délictueux au sein de l'entreprise (violence physique ou morale, dénonciations calomnieuses, harcèlement sexuel, discrimination en raison du sexe, de la race, des mœurs, de la religion) : il faudra le prouver en produisant un récépissé de dépôt de plainte auprès du procureur de la République, d'un commissariat de police ou de la gendarmerie ;
- vous êtes journaliste et vous avez invoqué la clause de conscience en raison d'un changement notable dans le caractère ou l'orientation du journal ou d'une cessation de parution ou de cession du journal. Ce changement doit, en outre, créer une situation de nature à porter atteinte à votre honneur, à votre réputation ou à vos intérêts moraux ;

- vous avez signé un contrat de travail dit de couple ou indivisible comportant une clause de résiliation automatique : le départ de l'un entraîne le départ de l'autre (ce type de contrat est parfois signé par des couples de gardiens d'immeubles) ; la rupture d'un tel contrat donne droit aux allocations de chômage en cas de licenciement ou de mise à la retraite de l'un des conjoints ;
- vous démissionnez parce que votre employeur cesse de vous verser des salaires : vous devez saisir le conseil de prud'hommes afin qu'il soit établi que le responsable de la rupture est bien l'employeur ; le motif de la rupture doit être justifié par la présentation d'une ordonnance de référé, rendue par le juge prud'homal condamnant l'employeur à verser les rémunérations ;
- vous démissionnez pour effectuer une mission de volontariat pour la solidarité internationale, d'une durée minimum d'un an ;
- vous cessez volontairement votre activité salariée pour créer ou reprendre une entreprise et avez effectué toutes les formalités de publicité requises par la loi (immatriculation au répertoire des métiers, déclaration au centre des formalités des entreprises....) : en cas d'échec de votre projet dans les 36 mois, vous pourrez vous inscrire comme demandeur d'emploi et faire valoir vos droits au chômage ;
- sont également réglés les cas des ruptures de contrats successifs ; ainsi donnera droit à indemnisation :
  - la démission d'un contrat emploi-solidarité, d'un contrat d'orientation ou d'un contrat emploi-jeune ou d'insertion par l'activité pour exercer un emploi ou suivre une formation ;
  - la démission d'un précédent emploi pour en accepter un autre à durée indéterminée : lorsque votre dernier employeur rompt votre contrat au cours ou à la fin de la période d'essai laquelle n'excède pas quatre-vingt-onze jours, vous pourrez bénéficier d'une indemnisation à la condition de justifier d'un travail sans interruption pendant les trois années qui précèdent ;
  - la démission pendant la période d'essai (de quatre-vingt-onze jours au maximum) d'un emploi repris immédiatement après un licenciement ou une fin de contrat à durée déterminée ;
  - la démission de sa dernière activité lorsque l'ASSEDIC opère une reprise des droits antérieurs.

Bon à savoir

Important ! Un droit de rattrapage

Si vous avez démissionné pour un motif autre que ceux considérés comme légitimes par l'ASSEDIC et remplissez, par ailleurs, toutes les autres conditions pour obtenir les allocations de chômage, sachez que vous allez pouvoir prétendre à l'aide au retour à l'emploi si vous êtes en mesure de prouver que vous recherchez activement du travail. Pour cela,

▶

Bon à savoir

il vous faut saisir la commission paritaire de l'ASSEDIC, cent vingt et un jours (soit quatre mois) après la fin de votre contrat de travail. Si la commission au vu des pièces justificatives que vous lui fournirez considère que vous avez recherché activement un emploi, l'allocation chômage vous sera attribuée. Pour ne pas perdre de temps vous pouvez même saisir la commission quinze jours avant l'échéance.

➤ Le départ négocié d'un contrat à durée indéterminée

Le départ négocié est traité différemment par les ASSEDIC selon la cause de la rupture du contrat. Lorsque les départs négociés sont fondés sur un motif économique, l'employeur doit respecter la procédure de licenciement économique et les ASSEDIC indemnisent la perte d'emploi.

En revanche, lorsqu'employeur et salarié se séparent pour des raisons personnelles (mésentente, par exemple) le chômage sera considéré, en principe, comme volontaire. Vous ne pourrez donc prétendre à des allocations chômage, sauf droit à rattrapage. Toutefois, si vous n'êtes pas d'accord avec la qualification de la rupture vous pouvez engager une action en justice. Si vous démontrez que l'employeur a pris une part prépondérante dans la fin du contrat et obtenez gain de cause, les ASSEDIC prendront en compte la décision de justice et indemniseront la perte d'emploi.

En pratique

Si vous avez signé une transaction

La transaction se greffe sur un licenciement, une démission ou le départ négocié. Par son intermédiaire, l'employeur et le salarié mettent fin à un litige présent ou futur, chacune des parties faisant des concessions. Lorsque la transaction est conclue dans le cadre d'un licenciement, les droits au chômage sont les mêmes que pour tout autre licenciement.

➤ La fin du contrat à durée déterminée

Lorsque votre contrat à durée déterminée (CDD) arrive à son terme vous avez droit à l'indemnisation chômage dès lors que vous remplissez les conditions pour être indemnisé (notamment durée minimale d'activité). Si votre CDD a duré moins de 91 jours et qu'il fait suite à une démission, vous n'aurez pas droit aux allocations de l'ASSEDIC.

Un refus de renouvellement de contrat de travail à durée déterminée n'est pas analysé par l'ASSEDIC comme un départ volontaire mais comme un refus d'emploi. Le comportement peut être signalé à la direction départementale du travail et de l'emploi si un doute apparaît sur la réalité de la recherche d'emploi du chômeur.

À noter

Si l'employeur met fin au contrat à durée déterminée, le chômage qui s'ensuivra est indemnisable si le demandeur d'emploi remplit les conditions nécessaires pour obtenir une allocation. Lorsque le salarié prend l'initiative de la rupture avant le terme convenu, il n'a aucun droit à l'assurance chômage au moins immédiatement après la rupture (voir encadré ci-avant Un droit à rattrapage*). Enfin, la rupture anticipée d'un CDD d'un commun accord entre l'employeur et l'employé ouvre des droits au chômage, contrairement à la rupture d'un commun accord d'un contrat à durée indéterminée (circ. UNEDIC 2001-08, 28.9.2001).*

➤ La rupture du contrat pendant la période d'essai

Tout contrat de travail, à durée déterminée ou indéterminée, peut prévoir une période d'essai. Employeur et salarié, pendant cette période, peuvent rompre le contrat sans préavis, ni indemnité et sans avoir à se justifier. Lorsque l'employeur prend l'initiative de rompre le contrat au-delà de quatre-vingt-onze jours, le chômage qui suit est involontaire, donc indemnisable. Si la période d'essai a duré moins de quatre-vingt-onze jours et que vous aviez démissionné de votre précédent contrat, vous n'aurez, en principe, pas droit, au moins pendant un premier temps (voir encadré ci-dessus *Un droit à rattrapage*), aux allocations de chômage. Toutefois, afin de ne pas décourager une reprise d'activité, vous obtiendrez une indemnisation si votre dernier contrat était à durée indéterminée et que vous pouvez justifier de trois ans d'activité salariée continue ou plus.

Si c'est vous qui rompez le contrat pendant la période d'essai, vous serez considéré comme démissionnaire. Toutefois, lorsque le dernier contrat suit un licenciement ou une fin de contrat à durée déterminée, et qu'entre les deux contrats vous ne vous êtes pas inscrit comme demandeur d'emploi, votre chômage sera indemnisé si la durée de la période d'essai n'est pas supérieure à quatre-vingt-onze jours. Lorsque, en revanche, vous vous êtes inscrit comme demandeur d'emploi avant de reprendre la nouvelle activité, vous pourrez prétendre aux allocations si vous rompez votre dernier contrat dans les quatre premiers mois.

Bon à savoir

Repêchage pour les créateurs d'entreprise qui ont échoué

Ont droit à indemnisation, depuis le 1er janvier 2001, les salariés involontairement privés d'emploi ou ayant démissionné qui ont créé ou repris une entreprise dont l'activité a cessé dans les trente-six mois.

S'INSCRIRE COMME DEMANDEUR D'EMPLOI

À compter de la fin de votre contrat de travail vous avez douze mois pour vous inscrire. Passé ce délai, dit de forclusion, vous perdez vos droits à indemnisation.

Exemple

M. a été licencié le 21 janvier 2004 ; il doit s'inscrire au plus tard le 20 janvier 2005.

Il existe néanmoins des situations exceptionnelles qui prolongent la limite des douze mois.

Ainsi ce délai est prolongé de la durée pendant laquelle :
- vous avez perçu des indemnités de maladie, accident du travail ou maladie professionnelle ;
- vous avez perçu une pension d'invalidité de 2e ou 3e catégorie de la Sécurité sociale ou une pension d'invalidité des régimes spéciaux ou autonomes de la Sécurité sociale ou encore d'un régime étranger ;
- vous avez suivi un stage de formation professionnelle ;
- vous étiez en congé pour création d'entreprise ;
- vous avez effectué une mission au titre d'un mandat électif, politique ou syndical sans que le contrat de travail puisse se poursuivre ;
- vous avez effectué des missions de volontariat pour la solidarité nationale.

Il existe deux autres cas d'allongement du délai mais cette fois limité à trois ans :
- vous avez assisté une personne handicapée qui percevait ou qui aurait pu percevoir l'allocation pour adulte handicapé et dont l'état nécessitait la présence d'une tierce personne et justifiait l'attribution de l'aide compensatrice ;
- vous avez démissionné pour suivre votre conjoint qui s'expatriait à l'étranger afin d'exercer une activité professionnelle. La durée totale d'expatriation ne doit pas dépasser quatre ans.

La période de douze mois est enfin allongée des périodes durant lesquelles vous avez créé ou repris une entreprise et des périodes de congé obtenues pour élever un enfant en application de dispositions contractuelles.

À noter

Un cas particulier

Pour les personnes incarcérées, le délai de forclusion est allongé de la période d'incarcération si cette dernière n'a pas dépassé trois ans et si la rupture du contrat de travail est survenue pendant la privation de liberté.

Vous devez ensuite chaque mois actualiser votre situation c'est-à-dire communiquer à l'ASSEDIC des renseignements sur une éventuelle reprise d'activité, une maladie... Vous satisferez à cette démarche en renvoyant la carte d'actualisation ou par téléphone (boîte vocale), par Minitel ou Internet.

Attention

Sachez que vous pouvez être dispensé, sous certaines conditions, de cette formalité à partir de 55 ans (voir la partie Indemnisation des chômeurs de plus de 50 ans*).*

Bon à savoir

Un chômeur qui est parvenu au terme de son indemnisation chômage doit pour continuer à bénéficier des remboursements de ses frais de soins pour lui et sa famille être inscrit comme demandeur d'emploi.

AVOIR TRAVAILLÉ SUFFISAMMENT

L'indemnisation de la perte d'emploi repose sur un système d'assurance. Ainsi, n'ont droit aux allocations que les salariés ayant cotisé à l'assurance chômage suffisamment longtemps : c'est ce qu'on appelle la durée d'affiliation. Depuis le 1er janvier 2003, un salarié qui perd son emploi doit avoir travaillé au moins pendant 182 jours (soit 6 mois) au cours des 22 mois qui précèdent la fin du contrat de travail. 4 mois au cours des 8 mois précédant la fin du contrat suffisait auparavant. Ensuite, de votre durée d'affiliation dépendra la durée de votre indemnisation : il existe ainsi quatre catégories de salariés.

À noter

Les salariés se trouvant au chômage à la suite de la fermeture définitive de leur entreprise peuvent percevoir une allocation de chômage sans remplir la condition minimale d'affiliation.

Les différentes catégories de durée d'affiliation applicables depuis le 1er janvier 2003 en fonction de la durée de cotisation antérieure	
Catégorie 1	6 mois (182 jours ou 910 heures) au cours des 22 derniers mois qui précèdent la fin du contrat de travail
Catégorie 2	14 mois (426 jours ou 2 123 heures) au cours des 24 derniers mois qui précèdent la fin du contrat de travail
Catégorie 3	27 mois (821 jours ou 4 095 heures) au cours des 36 derniers mois qui précèdent la fin du contrat de travail
Catégorie 4	27 mois au cours des 36 derniers mois et 100 trimestres d'assurance vieillesse.

➤ Périodes de travail

Pour déterminer la durée d'affiliation, sont retenues toutes les périodes d'appartenance à une entreprise y compris les arrêts pour maladie. Schématiquement retenez toute la période qui s'est écoulée entre la date d'embauche et celle de la rupture du contrat (c'est-à-dire la fin du préavis, peu importe que celui-ci soit ou non exécuté).

Attention

Une période d'affiliation ne peut être utilisée qu'une fois pour l'ouverture des droits. Si vous reprenez une activité et la perdez une nouvelle fois, l'ASSEDIC pour calculer vos droits n'additionnera pas la durée du dernier contrat de travail à celle du précédent. Vous récupérez le reliquat de droit acquis précédemment. En cas de situation plus favorable, l'ASSEDIC vous versera les allocations auxquelles vous donne droit votre dernier contrat de travail.

➤ Périodes assimilées

Lorsque la maladie ou la maternité sont survenues pendant le contrat de travail, ces périodes de non-travail sont analysées comme des périodes d'affiliation. Il n'en est pas de même lorsqu'elles surviennent entre deux contrats de travail.

Les jours de formation sont également assimilés à du travail lorsqu'ils n'ont pas été rémunérés par le régime d'assurance chômage. L'ASSEDIC considère que cinq heures de formation sont équivalentes à une journée de travail. Toutefois, les jours de formation ne peuvent pas représenter plus de 2/3 de la condition d'affiliation recherchée :

- pour les demandeurs d'emploi relevant de la catégorie 1 d'affiliation, les jours de formation seront donc pris dans la limite de 121 jours ou 607 heures ;
- pour ceux relevant de la catégorie 2 : 284 jours ou 1 415 heures ;
- pour ceux des catégories 3 et 4 : 547 jours ou 2 730 heures.

À noter

L'ASSEDIC tient compte des 35 heures

Depuis le 1er juillet 2001 et pour tenir compte du passage aux 35 heures, à un mois de travail correspondent 151,67 heures. Ainsi, 122 jours d'affiliation équivalent à 606 heures (au lieu de 676 heures avec les 39 heures de travail hebdomadaire).

Bon à savoir

L'indemnisation particulière du chômage saisonnier

Pour la réglementation chômage, il existe deux types de chômage saisonnier. Le premier fait suite à des activités saisonnières exercées, au moins pendant deux ans au cours des trois années précédant la fin du contrat de travail. Sont considérées comme telles les activités exercées dans les secteurs suivants : les exploitations forestières, les centres de loisirs et vacances, le sport professionnel, les activités saisonnières liées au tourisme, activités saisonnières agricoles et notamment les récoltes, casinos et cercles de jeux. Ainsi, à la fin de votre dernier contrat, l'ASSEDIC recherchera si vous avez exercé une même activité à deux reprises sur deux années au cours des trois dernières années.
Toutefois, vous échapperez à l'application du chômage saisonnier si :

- vous n'avez jamais été indemnisé au titre de l'assurance chômage ;
- votre activité saisonnière est liée à des circonstances fortuites ; ▶

Bon à savoir

– il vous reste des allocations à percevoir sur un droit précédent pour lequel le chômage saisonnier n'a pas été appliqué.
Dans sa deuxième définition, le chômage saisonnier ne découle pas de la branche d'activité mais d'un rythme de travail. Vous vous retrouverez dans cette situation si au cours des trois dernières années précédant la fin du contrat de travail, vous avez connu des périodes d'inactivité chaque année à la même époque. Cette règle ne vous sera pas appliquée si :
– vous êtes âgé d'au moins 50 ans et justifiez avoir appartenu au moins pendant trois ans à une ou plusieurs entreprises au cours des cinq ans précédant la fin du contrat de travail ;
– vous n'avez jamais été indemnisé au titre de l'assurance chômage ;
– vous avez droit à des allocations sur un droit précédent pour lequel le chômage saisonnier n'a pas été appliqué ;
– votre inactivité se reproduisant chaque année à la même période résulte de circonstances fortuites.
Lorsqu'au regard de ces définitions, votre chômage est saisonnier, vous allez certes être indemnisé mais le montant de votre allocation risque d'être symbolique par rapport à la rémunération que vous avez perçue. En effet, sur votre salaire de référence établi à partir de la moyenne de vos derniers gains bruts est appliqué un coefficient réducteur calculé de la façon suivante : nombre de jours de travail ou assimilé dans les douze mois précédant la fin du contrat de travail divisé par 365.
Pour le calcul de l'allocation, le coefficient réducteur est également applicable au minimum de l'allocation et à la partie fixe de la formule.

Exemple

N. a travaillé pendant cinq mois d'été soit 152 jours au cours des douze derniers mois, le coefficient réducteur est égal à 152/365 = 0,42.
Si le salaire journalier de référence est 46 €, l'allocation sera calculée sur la base suivante : 46 x 0,42 = 19,32 €. Ainsi l'allocation journalière sera de 12,06 € et le minimum de l'allocation de 10,50 € au lieu de 25,01 € au 1er juillet 2004.

RECHERCHER UN EMPLOI

L'attribution comme le maintien des allocations est subordonnée à la recherche effective d'un emploi : envoi de curriculum vitae, réponse à annonce... N'oubliez pas de garder toutes les traces de vos démarches (petites annonces, copie de la lettre de candidature, réponses des entreprises...) et notez le nom des personnes que vous avez rencontrées ou simplement contactées par téléphone, vous en aurez besoin lorsque l'ASSEDIC contrôlera la réalité de vos recherches d'emploi.

➤ Sous contrôle de l'association pour l'emploi dans l'industrie et le commerce (ASSEDIC)...

Le fait que vous soyez bien demandeur d'emploi est tout d'abord contrôlé via la déclaration de situation mensuelle (anciennement la carte de

pointage). L'ASSEDIC s'assure également de l'exécution des engagements pris dans le cadre du PAP. Si elle constate que vous ne vous êtes pas présenté à un entretien ou que vous n'avez pas fourni les pièces demandées pour la vérification de vos droits, l'ASSEDIC peut suspendre le versement de l'ARE...
L'avis de suspension des paiements des allocations est notifié au chômeur dans les trois jours qui suivent la décision. Mais s'il régularise sa situation, le paiement des allocations est repris. Il en sera ainsi lorsque la cause de la suspension disparaît (le chômeur se présente au nouvel entretien fixé ou transmet les pièces demandées).
Il peut également, dans les 15 jours suivant la notification de la suspension, saisir la commission paritaire de l'ASSEDIC. Lorsque cette dernière annule la décision de suspension, le versement des allocations est repris. Si elle confirme la décision, l'ASSEDIC transmet le dossier à la direction départementale du travail.

Attention

L'ASSEDIC n'a pas compétence pour décider d'une exclusion du revenu de remplacement. Elle signale au directeur départemental du travail, seul compétent en la matière, les situations rencontrées, notamment si elle a des doutes sur la réalité des recherches d'emploi. La transmission du dossier doit dans tous les cas être précédée d'un entretien avec le chômeur.

➤ ... et de l'ANPE

L'ANPE effectue des contrôles sur les recherches d'emploi et peut radier la personne de la liste des demandeurs d'emploi pour une période allant de deux à six mois (jusqu'à 12 mois en cas de fausse déclaration). Pendant la période de radiation, aucune allocation chômage n'est versée : les droits ne sont pas diminués mais seulement reportés.

➤ Les services extérieurs du travail

La direction départementale du travail contrôle également les recherches d'emploi et applique les mesures d'exclusion temporaire ou définitive de l'assurance chômage (Convention ANPE-UNEDIC du 13 juin 2001 et Convention État-UNEDIC-ANPE du 13 juin 2001). Elle peut procéder par convocations à des entretiens en vue de vérifier l'accomplissement d'actes positifs de recherche d'emploi. Vous risquez également une exclusion temporaire ou définitive du bénéfice des allocations de chômage si vous refusez sans motif légitime :
- un emploi compatible avec votre formation et votre expérience et rétribué à un taux de salaire habituel dans la région et la profession ;
- une formation ou une action d'insertion ;
- un contrat d'apprentissage ;
- de répondre à une convocation d'un médecin chargé de vérifier l'aptitude au travail.

Elle dispose pour l'exercice de sa mission d'un accès aux renseignements détenus par les administrations sociales et fiscales et peut se faire communiquer par l'ANPE tous documents et informations nécessaires.

➤ Signalement

L'ASSEDIC, en cas de doute sur la réalité de vos recherches ou sur votre volonté de suivre une formation prévue par le PAP, saisira le directeur départemental du travail. Au regard des éléments de votre dossier, l'administration peut alors décider l'exclusion du droit au revenu de remplacement.

À noter

• *Rechercher un emploi ne veut pas forcément dire un emploi salarié. Vous remplirez la condition, si vous effectuez des démarches en vue de la création d'une entreprise ou d'une activité indépendante.*

• *Le taux de chômage a franchi la barre des 10 % à la fin de 2003. Selon une enquête INSEE, le nombre de chômeurs est estimé à 2 707 000. La hausse du chômage n'a épargné aucune catégorie de personnes.*

En pratique

Vous êtes dispensé de rechercher un emploi et de « pointer »

En effet, dans un certain nombre d'hypothèses vous pouvez échapper à ces deux obligations liées au chômage indemnisé. Vous n'entrez plus alors dans les statistiques du chômage.
Il en est ainsi :
– des chômeurs de 55 ans et plus non indemnisés ou bénéficiaires de l'allocation de solidarité spécifique (voir la partie *L'indemnisation des chômeurs de plus de 50 ans*) ;
– des chômeurs de 55 ans et plus qui justifient d'au moins 160 trimestres validés dans les régimes obligatoires d'assurance vieillesse ou de périodes reconnues équivalentes. Ce cas de dispense issu de l'ancienne réglementation chômage n'a pas été remis en cause avec l'application des nouvelles durées d'indemnisation. Il est néanmoins aujourd'hui privé de tout intérêt. En effet, compte tenu des durées d'indemnisation singulièrement raccourcies depuis le 1er janvier 2003, un chômeur de 55 ans ne peut pas atteindre l'âge de la retraite en bénéficiant du chômage indemnisé. S'il ne retrouve pas de travail, il connaîtra une période sans revenu ou avec une allocation du régime de solidarité d'un montant modeste (voir page 103) ;
– des bénéficiaires de l'allocation équivalent retraite (voir page 107) quel que soit leur âge (directive UNEDIC 21-02 du 22.4.2002) ;
– des titulaires d'une allocation de chômage d'au moins 57 ans et 6 mois ; ils sont seulement tenus de remplir une déclaration annuelle de situation.
Dès que vous remplirez la condition d'âge, l'ASSEDIC vous fera parvenir un formulaire de dispense de recherche d'emploi que vous retournerez complété si vous êtes intéressé par le dispositif. Si vous ne recevez rien, signalez-vous à l'ASSEDIC.
Attention ! Si vous retrouvez un emploi, vous devez en informer l'ASSEDIC dans les 72 heures.

ÊTRE PHYSIQUEMENT APTE À L'EMPLOI

Un demandeur d'emploi est censé pouvoir accepter immédiatement l'emploi qu'on lui propose. Aussi doit-il être apte physiquement à effectuer un travail. Par exemple, en arrêt maladie au moment de votre licenciement, vous ne pourrez prétendre à l'indemnisation du chômage ; ce n'est qu'à l'issue du repos que l'allocation de chômage pourra prendre le relais des indemnités journalières de Sécurité sociale. Le même raisonnement est tenu si vous êtes indemnisé par la Sécurité sociale au titre de la maternité, d'un accident de travail ou d'une maladie professionnelle.
Si vous percevez une pension d'invalidité de 2e ou 3e catégorie vous avez droit aux allocations de chômage dès lors que vous êtes apte physiquement à exercer un emploi. Il en sera ainsi, par exemple, si vous cumuliez un salaire pour l'exercice effectif d'une activité et la pension d'invalidité. En revanche, si vous avez obtenu une pension d'invalidité après la rupture de votre dernier contrat de travail, votre aptitude à exercer une activité devra être constatée par les services médicaux de la main-d'œuvre.
Mais attention, lorsque le cumul est possible, le montant de l'allocation de chômage sera réduit du montant de la pension (voir la rubrique *Combien percevrez-vous ?*).

NE PAS AVOIR ATTEINT L'ÂGE DE LA RETRAITE

Pour percevoir les allocations de chômage vous ne devez pas avoir atteint l'âge fatidique à partir duquel vous avez droit à la retraite à taux plein. En effet, si vous relevez du régime général de Sécurité sociale (régime des salariés) vous n'aurez pas droit à une pension de vieillesse avant 60 ans et seulement si vous avez cotisé au moins un trimestre à l'assurance vieillesse (voir page 99). La retraite est calculée à partir des meilleures années de rémunération : les quinze meilleures années pour les personnes nées en 1938, les seize meilleures années pour celles nées en 1939, ainsi de suite pour parvenir progressivement à un calcul à partir des vingt-cinq meilleures années de salaire. C'est en 2008 que ce palier sera atteint ; il s'appliquera alors à tous, quelle que soit l'année de naissance.
Sur un salaire annuel moyen est appliqué un taux qui varie entre 25 et 50 % pour le calcul de la retraite des assurés nés avant 1944. Le taux minimum va augmenter progressivement ; il passe à 26 % pour les assurés nés en 1944, puis à 27,50 % pour ceux nés en 1945 pour atteindre 37,5 % pour ceux nés à partir de 1952 (circulaire CNAV n° 2004/17, 5.4.2004). Une pension liquidée à 50 % est dite à taux plein. Or, pour l'atteindre, il faut avoir accumulé suffisamment de trimestres d'assurance. Le taux maximum de 50 % vous sera accordé automatiquement si vous demandez votre retraite à 65 ans et même à partir de 60 ans si vous percevez une pension d'invalidité, en cas d'inaptitude au travail ou encore sous certaines conditions si vous êtes ancien prisonnier de guerre, ancien déporté ou interné, ou ouvrière-mère de famille. Dans les autres cas, pour obtenir le taux de 50 % entre 60 et 65 ans, vous devez

justifier d'au moins 160 trimestres d'assurance (ou 40 années) tous régimes de retraite confondus (salarié, commerçant, exploitant agricole, fonctionnaire... si vous avez cotisé successivement à différents régimes durant votre carrière). Avec la loi réformant les retraites, cette durée d'assurance va se durcir. Les 160 trimestres restent applicables jusqu'en 2008. À partir de 2009, le compteur se remettra en marche et le nombre de trimestres exigé augmentera d'un, chaque année, pour atteindre 164 trimestres en 2012. La progression se poursuivrait ensuite pour approcher, vraisemblablement 167 semestres en 2020. Au-delà de 60 ans, vous ne pourrez être indemnisé par l'ASSEDIC que si la caisse d'assurance vieillesse a procédé à la reconstitution de votre carrière. C'est ainsi que l'ASSEDIC signale les chômeurs indemnisés de 57 ans aux caisses d'assurance vieillesse. Chacune d'elle enverra aux intéressés une demande de reconstitution de carrière comportant une autorisation d'informer l'ASSEDIC. Ne négligez pas cette formalité ! Sans cette information, l'ASSEDIC cessera ses versements lorsque vous atteindrez 60 ans, même si vous ne pouvez pas prétendre à une retraite à taux plein.

Attention

Depuis le 1er janvier 2004, les salariés ayant commencé à travailler jeune et ayant accompli une carrière longue, peuvent prétendre à une retraite dès 60 ans. Pour autant, l'ASSEDIC ne les basculera pas en retraite avant 60 ans s'ils n'en font pas expressément la demande. Les bénéficiaires de l'assurance chômage peuvent procéder à la liquidation de leur retraite anticipée, ils peuvent cumuler les deux dans certaines limites jusqu'à l'âge de 60 ans.

Ainsi, entre 55 et 60 ans, leur allocation de chômage sera diminuée de 50 % du montant de la retraite.

À noter

La loi réformant la retraite prévoit de renforcer l'information des droits à la retraite. Il sera possible d'obtenir à tout âge un relevé de ses droits.

Bon à savoir

Emploi principal et secondaire

Si vous cumulez plusieurs emplois et perdez le principal, vous pourrez bénéficier d'une indemnisation sous réserve de remplir les deux conditions suivantes:

– le salaire de l'emploi conservé ne doit pas être supérieur à 70 % de l'ensemble de vos gains antérieurs;

– et les activités conservées ne doivent pas excéder 136 heures par mois.

Chaque mois, cette condition sera appréciée.

Pour connaître l'allocation à laquelle vous avez droit, voir la rubrique *Combien percevrez-vous?*

Si vous aviez une activité indépendante et une activité salariée et que vous avez perdu cette dernière, vous pourrez peut-être cumuler des revenus d'activité avec les allocations de chômage (voir page 58).

COMBIEN PERCEVREZ-VOUS ?

L'allocation aide au retour à l'emploi est le reflet de vos derniers salaires soumis à cotisations.

UN REFLET DE VOS DERNIERS SALAIRES

L'aide au retour à l'emploi est calculée à partir de vos dernières rémunérations et plus précisément à partir des salaires bruts, des avantages en nature, des primes et indemnités ayant servi de base de calcul aux cotisations. Sont retenues les rémunérations que vous avez perçues au cours des 12 derniers mois civils précédant le dernier jour de travail payé lequel ne correspond pas nécessairement à la date de rupture du contrat de travail. Il y aura un décalage si, par exemple, vous n'effectuez pas votre préavis. En tout état de cause vos revenus ne seront pris en compte que dans la limite de quatre fois le plafond de la Sécurité sociale soit 9 904 € par mois en 2004.
Attention, ne sont jamais prises en compte dans le calcul du salaire de référence, les sommes liées à la rupture du contrat de travail telles que les indemnités de licenciement, les indemnités compensatrices de congés payés ou de préavis lorsque ce dernier n'est pas effectué.

Bon à savoir

L'ASSEDIC établit le salaire de référence à partir de vos rémunérations habituelles. En conséquence, les rémunérations mensuelles anormalement faibles par rapport aux salaires habituels ne seront pas retenues. Vous pouvez vous trouver dans cette situation si vous aviez interrompu momentanément votre activité en raison d'une maladie ou si vous étiez en préretraite progressive par exemple. Mais la réciproque est également vraie: une rémunération trop élevée par rapport à « l'ordinaire » ne sera pas prise en compte !

LE SALAIRE JOURNALIER DE RÉFÉRENCE (SJR)

Il vous faut, ensuite, déterminer le salaire journalier de référence (SJR) à partir duquel sera fixé le montant de l'aide au retour à l'emploi.
Pour cela, le salaire de référence (calculé à partir des 12 derniers mois de rémunération, voir ci-dessus) est divisé par le nombre de jours d'appartenance au régime. Si vous avez travaillé au moins un an avant la rupture de votre contrat de travail, sans arrêt maladie, chômage partiel ou congé non payé, votre salaire de référence sera divisé par 365 jours (366 jours les années bissextiles). Dans les autres cas, les jours pendant lesquels vous

n'avez pas appartenu à une entreprise ainsi que ceux pour lesquels vous n'avez pas reçu une rémunération normale (congé non rémunéré, absence pour maladie...) sont déduits du nombre de jours d'appartenance.

Exemple

M. A a travaillé du 2 février au 30 juin 2004 et a reçu un salaire pour cette période de 10 000 €. Pendant son contrat représentant 150 jours, il a pris deux jours de congé sans solde. Ainsi le nombre de jours d'appartenance est de 148 (150 – 2).
Son salaire journalier de référence est de 10 000 / 148 soit 67,57 €.

LE MONTANT DE L'ALLOCATION D'AIDE AU RETOUR À L'EMPLOI (ARE)

L'ARE est égale à 40,40 % du salaire journalier de référence plus une partie fixe d'un montant de 10,25 € (valeur au 1er juillet 2004). Si la somme obtenue n'atteint pas 57,40 % du salaire journalier de référence, c'est ce dernier pourcentage qui sera retenu pour calculer votre allocation. Sachez qu'en tout état de cause, le montant de votre allocation ne peut être inférieur à un plancher fixé depuis le 1er juillet 2004 à 25,01 €. Toutefois, l'allocation minimale ne peut excéder 75 % du SJR ; si tel était le cas, c'est 75 % du SJR qui vous serait versé.
Pour connaître le montant mensuel des allocations que vous versera l'ASSEDIC, il vous suffit de multiplier le montant journalier de l'allocation par le nombre de jours dans le mois. Avec un tel système, le montant de l'aide au retour à l'emploi versé en février sera moins important que celui versé en décembre.

Pour un salaire moyen brut mensuel	Allocation brute journalière
Inférieur à 1 017,07 €	75 % du SJR
Compris entre 1 017,07 € et 1 114,30 €	25,01 €
Compris entre 1 114,30 € et 1 838,97 €	40,4 % du SJR + 10,25 €
Compris entre 1 838,97 € et 9 904 €	57,4 % du SJR
SJR = Salaire journalier de référence	

Exemples

- *Le salaire mensuel brut de L. est de 1 830 €. Il reçoit sur une année treize mois de salaire. Il travaillait depuis dix ans dans la même entreprise quand il a été licencié. Pour calculer son salaire de référence, l'ASSEDIC a retenu les douze derniers mois de salaire avant le dernier jour travaillé. Son salaire brut au cours de cette période a été de 23 790 € (son salaire moyen mensuel est donc de 1 982,50 €). Son salaire journalier de référence est égal à 65,18 €.*

Son ARE brute sera de : 57,4 % de 65,18 € soit 37,41 €. Cette allocation pourra lui être versée puisqu'elle n'est pas supérieure à 75 % de 65,18 € (soit 48,88 €).
• Le salaire brut mensuel de P. est de 1 200 € (de l'ordre du SMIC). Il reçoit sur une année 12 mois de salaire. Pour calculer son salaire de référence, l'ASSEDIC a retenu les 12 derniers mois de salaire avant le dernier jour travaillé. Son salaire brut au cours de cette période, c'est-à-dire annuel, a été de 14 400 €. Son salaire journalier de référence est de 39,45 €.
Le montant brut de l'ARE est de : 40,4 % de 39,45 € + 10,25 € soit 26,19 €. C'est ce montant qui lui sera versé puisqu'il est inférieur à 75 % de 39,45 € (soit 29,59 €) et plus favorable que le montant minimal.

À noter

En cas d'activité à temps partiel
La partie fixe de la formule de calcul de l'allocation ainsi que le minimum de 25,01 € sont établis pour un travail à temps plein. Si vous exerciez votre dernier emploi à temps partiel, ces deux éléments seront réduits en proportion de votre temps de travail. Ainsi pour un travail à mi-temps le montant minimum de l'allocation est de 12,50 €.

LES COTISATIONS SOCIALES DUES

Le montant brut de l'allocation subit plusieurs prélèvements :
- le premier est la cotisation de retraite complémentaire dont le taux est de 3 % depuis le 1er janvier 2003 du salaire journalier de référence. Vous en serez partiellement ou totalement exonéré si la déduction de cette cotisation fait passer l'allocation en dessous de la valeur minimale de l'allocation d'aide au retour à l'emploi soit 25,01 € par jour depuis le 1er juillet 2004 ;
- vient ensuite la contribution au remboursement de la dette sociale (CRDS) : calculée sur 95 % du montant de l'allocation (97 % à partir du 1.1.2005, loi n° 2004-810 du 13.8.2004 relative à l'assurance maladie, *JO* du 17.8.2004), son taux est de 0,5 % ;
- en dernier lieu, la contribution sociale généralisée (CSG) : elle aussi est calculée sur la base de 95 % de l'allocation (97 % à partir du 1.1.2005, loi n° 2004-810 du 13.8.2004 relative à l'assurance maladie, *JO* du 17.8.2004), son taux est cependant nettement plus élevé soit 6,2 % ;
- cependant, la CRDS et la CSG ne seront pas déduites si votre allocation est inférieure au SMIC journalier dont le montant est de 40 € depuis le 1er juillet 2004.

Une exonération de CSG et de CRDS est, en outre, possible en 2004, si votre revenu fiscal de référence de l'avant dernière année (2002) tel qu'il figure sur l'avis d'imposition que vous avez reçu dans l'automne 2003 ne dépasse pas le montant maximal fixé pour avoir droit à l'allégement de la taxe d'habitation soit en métropole 7 046 € pour une part de quotient familial, 10 810 € pour deux parts, 14 574 € pour trois parts et 1 882 € par demi-part supplémentaire (Directive UNEDIC n° 31-03, 16.10.2003).

Exemples

• P. disposait, avant son licenciement, d'un revenu brut annuel de 31 000 €. Le salaire journalier de référence est de 84,93 € et le montant brut journalier de son allocation de 48,75 €. Il sera prélevé sur le montant de son allocation :
– la retraite complémentaire : 3 % de 84,93 € soit 2,54 € ; le montant de l'allocation après déduction de la cotisation de retraite complémentaire est de 46,21 €. Ce montant étant supérieur au minimum de l'allocation (25,01 €), la cotisation est prélevée ;

JUSQU'AU 31 DÉCEMBRE 2004
– la CRDS : (95 % de 48,75 €) x 0,5 % soit 0,23 € ; le montant de l'allocation après déduction de la CRDS et de la cotisation de retraite complémentaire est de 45,98 €. Ce montant est supérieur au SMIC journalier, la CRDS est donc entièrement prélevée ;
– la CSG : (95 % de 48,75) x 6,2 % soit 2,87 € ; le montant de l'allocation après déduction de la cotisation de retraite complémentaire, de la CRDS et de la CSG est de 43,11 € ; ce montant est supérieur au SMIC journalier, la CSG est donc entièrement prélevée.

À COMPTER DU 1ER JANVIER 2005 (loi n° 2004-810 du 13.8.2004 relative à l'assurance maladie, JO du 17.8.2004)
– la CRDS : (97 % de 48,75 €) x 0,5 % soit 0,24 € ; le montant de l'allocation après déduction de la CRDS et de la cotisation de retraite complémentaire est de 45,97 €. Ce montant est supérieur au SMIC journalier (40 € depuis le 1.7.2004), la CRDS est donc entièrement prélevée ;
– la CSG : (97 % de 48,75 €) x 6,2 % soit 2,93 € ; le montant de l'allocation après déduction de la cotisation de retraite complémentaire, de la CRDS et de la CSG est de 43,04 € ; ce montant est supérieur au SMIC journalier (40 € depuis le 1.7.2004), la CSG est donc entièrement prélevée.
• J. disposait avant son licenciement d'un revenu brut annuel de 15 800 €. Le salaire journalier de référence est de 43,29 € et le montant brut journalier de son allocation de 27,74 €. La retraite complémentaire sera prélevée ; en effet 3 % de 43,29 € représente 1,30 € ; le montant de l'allocation après déduction de la cotisation de retraite complémentaire de 26,44 € est supérieur à 25,01 €. Ni la CRDS, ni la CSG ne seront prélevées car le montant de l'allocation de chômage est inférieur au SMIC journalier (40 € depuis le 1er juillet 2004).

LA REVALORISATION DES ALLOCATIONS

Une fois par an, au 1er juillet vos allocations de chômage sont revalorisées. Si, à cette date, le salaire à partir duquel ont été calculées vos allocations est ancien d'au moins six mois, il fait l'objet d'une revalorisation. Au 1er juillet 2004, les salaires de référence ont été revalorisés de 1 %. À cette même date ont également été revalorisées les valeurs minimum et maximum des allocations ainsi que la partie fixe des allocations (quelle que soit l'ancienneté des salaires).

CUMULER L'ALLOCATION DE CHÔMAGE AVEC D'AUTRES PRESTATIONS

➤ Pension militaire

Si vous percevez une pension militaire et avez moins de 60 ans, vous allez pouvoir la cumuler avec les allocations de chômage sans restriction. En revanche, à partir de 60 ans, le montant de l'allocation de retour à l'emploi sera diminué de 75 % de la valeur de l'avantage de vieillesse.

➤ Pension d'invalidité

Si vous recevez de la Sécurité sociale une pension pour une invalidité de 1re catégorie, vous pouvez la cumuler intégralement avec une allocation de chômage. Mais pour une pension correspondant à une invalidité de deuxième ou troisième catégorie, le montant de l'allocation de chômage sera réduit du montant de la pension d'invalidité.

LA DURÉE D'INDEMNISATION

Pour redresser les finances de l'UNEDIC, la réforme de l'indemnisation du chômage intervenue à la fin de l'année 2002 a réduit considérablement les durées d'indemnisation. Dans sa première version, cette réforme prévoyait de s'appliquer en deux temps. Tout d'abord aux chômeurs dont le contrat de travail a pris fin à partir du 1er janvier 2003. Puis à compter du 1er janvier 2004, à tous les chômeurs en cours d'indemnisation au 1er janvier 2003. 500 chômeurs privés d'allocations prématurément appelés « recalculés » ont saisi la justice pour rupture du plan de retour à l'emploi analysé comme un véritable contrat liant chômeur et ASSEDIC. La première décision de justice rendue leur a été favorable. Pour couper cours, le Gouvernement a donné les moyens à l'UNEDIC de rétablir les droits aux chômeurs recalculés.

POUR UNE RUPTURE DE CONTRAT DEPUIS LE 1ER JANVIER 2003

La durée d'indemnisation est fonction de la durée des activités salariées prises en compte par l'assurance chômage et dans certains cas de l'âge du chômeur. Cet âge s'apprécie à la date de la fin du contrat de travail (à la fin du préavis) retenue pour l'ouverture du droit à indemnisation. Les nouvelles durées, singulièrement raccourcies, sont applicables aux demandeurs d'emploi dont la rupture du contrat de travail est intervenue depuis le 1er janvier 2003 mais attention, les chômeurs âgés de 50 ans et plus, justifiant d'au moins 14 mois d'affiliation au cours des 24 derniers mois et dont la date d'engagement de la procédure de licenciement est antérieure au 1er janvier 2003, bénéficient des durées d'indemnisation plus favorables de la convention du 1er janvier 2001, dans sa première version (voir ci-dessous). La date d'engagement de la procédure correspond soit à la date d'entretien, soit à la date de la première réunion des instances du personnel.

Nouvelle réglementation Durée d'indemnisation de l'allocation d'aide au retour à l'emploi		
Durée du travail	**Âge**	**Durée maximale d'indemnisation**
6 mois dans les 22 derniers mois	Sans effet	7 mois
14 mois dans les 24 derniers mois	Sans effet	23 mois
27 mois dans les 36 derniers mois	50 ans et plus	36 mois
27 mois dans les 36 derniers mois et 100 trimestres d'assurance vieillesse	57 ans et plus	42 mois

CHÔMEURS EN COURS D'INDEMNISATION AU 1ER JANVIER 2003

Les demandeurs d'emploi en cours d'indemnisation au 1er janvier 2003 continuent à bénéficier des durées d'indemnisation telles qu'elles leur avaient été notifiées par l'ASSEDIC.

Ancienne réglementation Durée d'indemnisation de l'ARE		
Durée du travail (1)	**Âge**	**Durée maximale d'indemnisation**
4 mois au cours des 18 derniers mois	Sans incidence	4 mois
6 mois au cours des 18 derniers mois	Sans incidence	7 mois
8 mois au cours des 12 derniers mois	Moins de 50 ans	15 mois
	50 ans et plus	21 mois
14 mois au cours des 24 derniers mois	Moins de 50 ans	30 mois
	50 ans et plus	45 mois
27 mois au cours des 36 derniers mois	Entre 50 et 55 ans	45 mois
	55 ans et plus (1)	60 mois

(1) Pour bénéficier des 60 mois d'indemnisation, le salarié devait en outre justifier de 100 trimestres validés à l'assurance vieillesse si la rupture du contrat de travail est intervenue entre le 1er juillet et le 31 décembre 2002.

LE DÉBUT DE L'INDEMNISATION

Les allocations sont payées chaque début de mois pour le mois de chômage qui vient de s'écouler. Mais l'ASSEDIC ne commencera pas à vous indemniser dès le lendemain de la fin de votre contrat de travail. Divers délais repoussent le premier jour de chômage indemnisé.

➤ Le point de départ des délais

Votre contrat de travail cesse au terme d'un préavis, qu'il soit ou non effectué. Si votre employeur vous a dispensé d'exécuter ce préavis, la date du début d'indemnisation ne sera pas avancée pour autant. Si vous êtes licencié pour faute grave ou lourde et privé de préavis et d'indemnité compensatrice, la fin de votre contrat de travail correspond à la présentation de la lettre recommandée vous notifiant votre licenciement.

➤ Les indemnités compensatrices de congés payés

Au moment de la rupture de votre contrat, il vous reste, en principe, des jours de vacances non pris : votre employeur vous verse pour ceux-ci une indemnité compensatrice de congés payés. À partir de son montant, l'ASSEDIC calculera un délai de carence. Le nombre de jours de congé est, en général, exprimé en jours ouvrables (du lundi au samedi). Pour déterminer le nombre de jours de carence c'est-à-dire de report de versement, le nombre de jours ouvrables de congé est multiplié par 7/6. Ainsi, un salarié licencié qui reçoit une allocation compensatrice équivalente à vingt jours de congé, se verra appliquer un délai de carence de 20 x 7/6 soit 23,33. L'arrondi se faisant toujours au nombre inférieur, le délai de carence sera de vingt-trois jours. Ce délai part du lendemain de la fin de votre contrat de travail et non pas de la date d'inscription comme demandeur d'emploi.

Exemple

> ***Si le salarié a été licencié le 30 avril, le délai de carence correspondant aux vingt-trois jours de congés payés commence le 1er mai et se terminera le 23 mai, peu importe la date d'inscription comme demandeur d'emploi.***

➤ Les indemnités de rupture

Le licenciement donne droit à des indemnités (voir la rubrique *Un départ avec indemnités*). Si votre employeur vous verse des indemnités de rupture supérieures à celles prévues par le Code du travail, par exemple l'indemnité fixée par la convention collective, il vous sera appliqué un délai de carence dit spécifique. Il est calculé à partir de la somme qui dépasse le montant minimum légal de l'indemnité de licenciement divisé par le salaire journalier de référence. Mais le délai de carence ne peut jamais excéder soixante-quinze jours. Il court à compter de la fin du contrat ou à compter du lendemain de la fin de la carence établie à partir des droits à congés payés (voir ci-dessus) et non pas à partir de l'inscription comme demandeur d'emploi.

Exemple

S. perçoit 3 000 € de plus que l'indemnité de licenciement prévue par le Code du travail; son salaire de référence est de 48 €. Le délai de carence spécifique sera calculé de la façon suivante: 3 000/48, soit 62 jours.

Attention

Les indemnités de licenciement pour motif économique, de fin de contrat à durée déterminée ainsi que celles versées en cas de rupture de contrat pour force majeure ayant pour origine un sinistre ne sont pas prises en compte pour le calcul du délai de carence (directive UNEDIC n° 35-02, 23.7.2002).

Un différé systématique

À ces délais de carence s'ajoute systématiquement un différé de sept jours: nul n'y échappe! Il ne peut s'appliquer, en outre, qu'après l'inscription comme demandeur d'emploi. Ainsi il commencera à courir:
- au lendemain des délais de carence pour congés payés et indemnités de rupture si à cette date vous êtes inscrit comme demandeur d'emploi;
- ou au jour de votre inscription comme demandeur d'emploi si au terme des deux délais de carence vous n'êtes toujours pas inscrit.

À noter

Pour ne pas repousser le début de votre indemnisation, vous devez vous inscrire comme demandeur d'emploi au plus tard le dernier jour des délais de carence calculés à partir des indemnités compensatrices de congés payés et de rupture.

En pratique

Votre employeur est condamné pour licenciement abusif

– Rupture d'un contrat à durée indéterminée

Vous avez engagé un recours devant les prud'hommes pour licenciement abusif. Votre employeur peut être condamné à verser des dommages et intérêts dont le montant peut atteindre six mois de salaire voire plus. L'ASSEDIC tiendra-t-elle compte de ces sommes? Lorsqu'elles correspondent à des dommages et intérêts, elles sont sans incidence sur votre indemnisation. Mais attention, votre employeur peut être condamné à verser une indemnité compensatrice de préavis si par exemple il vous a privé, en l'absence de faute grave, de votre préavis. L'ASSEDIC vous demandera alors de restituer les allocations qu'elle vous a indûment versées pendant le préavis.

– Rupture d'un contrat à durée déterminée

En cas de rupture anticipée d'un CDD à l'initiative de l'employeur, celui-ci doit verser (sauf faute grave ou lourde du salarié) des dommages et intérêts correspondant au montant des salaires restant à verser jusqu'au terme initialement prévu du contrat. Les allocations ne pouvant être cumulées avec ces indemnités, le point de départ des allocations est repoussé au-delà du terme initial du contrat. La prise en charge est immédiate en cas de faute ou de force majeure, mais révisée en cas de requalification du motif de la rupture par le conseil des prud'hommes.

LA FIN DE L'INDEMNISATION

Naturellement les allocations de chômage cesseront de vous être versées lorsque vous aurez retrouvé un emploi à temps complet ou épuisé vos droits à indemnisation. Mais il existe de multiples cas où le versement de vos allocations sera suspendu temporairement ou définitivement.

➤ Vous ne répondez plus à l'ensemble des conditions exigées

◆ *Rechercher effectivement un travail et être apte à travailler*

Pour percevoir une allocation de chômage vous devez être à la recherche effective d'un emploi et être apte à travailler. Vous ne répondez pas à ces critères si vous êtes malade, enceinte ou invalide. Dans de telles hypothèses vous ne pouvez prétendre aux allocations de chômage, mais vous êtes susceptible d'être pris en charge par la Sécurité sociale (assurance maladie, maternité, accident du travail ou maladie professionnelle). De même si étant au chômage vous demandez l'allocation parentale d'éducation et l'obtenez vous ne pourrez plus rien percevoir de l'ASSEDIC ; la prestation de la CAF étant là pour combler une perte de salaire.

◆ *Être inscrit comme demandeur d'emploi*

Les allocations de chômage sont attribuées aux chômeurs inscrits comme demandeur d'emploi : si vous n'envoyez pas votre déclaration mensuelle (par La Poste ou tout autre moyen télématique), vous ne serez plus inscrit comme demandeur d'emploi et cesserez donc d'être indemnisé.

◆ *Ne pas pouvoir bénéficier d'une retraite à taux plein*

L'indemnisation de la perte d'emploi est réservée aux personnes qui ne peuvent prétendre à une retraite à taux plein. Dès que vous remplirez les conditions d'âge et de durée de cotisation pour faire liquider votre retraite, le versement des allocations de chômage sera interrompu.

À noter

L'existence d'une clause de non-concurrence dans le dernier contrat de travail constitue un motif légitime de refus d'occuper un emploi si l'exercice de cet emploi est en contradiction avec la clause.

➤ Vous êtes exclu du bénéfice des allocations de chômage

L'article R. 351-28 du Code du travail fixe les raisons pour lesquelles le chômeur indemnisé peut se voir privé d'allocations. Ainsi sont exclues, à titre temporaire ou définitif, du bénéfice de l'indemnisation du chômage les personnes qui refusent sans motif légitime :

- un emploi compatible avec leur spécialité ou leur formation antérieure et rétribué à un taux de salaire normalement pratiqué dans la profession ou la région ;
- de suivre une action de formation ou une action d'insertion ;

- une proposition de contrat d'apprentissage ;
- de répondre à toutes convocations des agents chargés du contrôle ;
- de se soumettre à une visite médicale auprès des services médicaux de main-d'œuvre destinée à vérifier leur aptitude au travail ou à certains types d'emplois.

De même seront exclues les personnes :

- qui ne peuvent justifier de l'accomplissement d'actes positifs de recherche d'emploi. Le caractère réel et sérieux de ces actes est apprécié compte tenu de la situation du demandeur d'emploi et de la situation locale de l'emploi ;
- qui ont fait des déclarations inexactes ou présenté des attestations mensongères en vue de toucher indûment le revenu de remplacement ou ont perçu, en toute connaissance de cause ledit revenu.

En pratique

Que faire si l'ASSEDIC a commis une erreur ?

Le premier réflexe à avoir en cas de doute sur le montant de l'allocation, la durée d'indemnisation... est d'aller demander des explications à l'ASSEDIC dont vous dépendez. S'il y a eu erreur, elle sera réparée.

Si vous êtes convaincu de votre bon droit et que l'agent de l'ASSEDIC ne veut rien entendre, exposez votre situation, par courrier, au directeur de l'ASSEDIC. Si le problème posé relève de la commission paritaire, votre question lui sera transmise. Si vous n'êtes pas d'accord avec la position prise vous pouvez demander un réexamen de votre dossier. Si la commission paritaire confirme sa décision, vos moyens de riposte sont excessivement limités : les juges civils se déclarent, en général, incompétents pour statuer sur une décision de la commission paritaire.

Lorsque, en revanche, la commission paritaire n'est pas saisie et que votre contestation porte purement et simplement sur les modalités d'application du règlement, vous pouvez si vous n'obtenez pas gain de cause auprès de l'ASSEDIC, saisir le tribunal. Si votre demande porte sur 7 600 € tout au plus, c'est le tribunal d'instance qui devra être saisi. Au-delà de cette barre, c'est le tribunal de grande instance qui est compétent.

Sachez que vous pouvez consulter les textes de l'assurance chômage dans les locaux de l'ASSEDIC ; cette institution tient à disposition : le recueil des textes, les circulaires et les directives. Ils sont consultables également sur Internet : www.assedic.fr

Pour trouver le thème qui vous intéresse, consultez la table des matières en début de volume ou l'index alphabétique en fin de volume.

LE PARE ANTICIPÉ EN CAS DE LICENCIEMENT POUR MOTIF ÉCONOMIQUE

Ce dispositif, né de la loi de modernisation sociale du 17 janvier 2002, est destiné à étendre le bénéfice des prestations d'aide au retour à l'emploi aux salariés licenciés pour motif économique pendant leur préavis.

ÊTES-VOUS CONCERNÉ ?

On vous proposera un Plan d'aide au retour à l'emploi (PARE) anticipé ou un « pré-PARE » si vous êtes touché par un licenciement pour motif économique et que vous appartenez à une entreprise non soumise au congé de reclassement. Il s'agit plus précisément des entreprises de moins de 1 000 salariés et de celles en redressement ou liquidation judiciaire.

Vous pouvez également profiter de cette mesure si on vous a bel et bien proposé un congé de reclassement mais que vous l'avez refusé. L'employeur qui ne propose pas un PARE anticipé alors qu'il le devrait, doit verser une contribution à l'ASSEDIC égale à un mois de salaire brut pour chaque salarié licencié concerné.

Pour accéder à ce dispositif, vous devez satisfaire à un certain nombre de conditions :

- vous devez être lié à l'entreprise par un contrat à durée indéterminée ;
- vous devez être licencié pour motif économique ou à la suite d'une cessation totale d'activité de l'entreprise ;
- vous devez de surcroît être apte au travail et justifier de 122 jours ou 606 heures d'activité salariée dans la même entreprise ou non au cours des 18 mois qui précèdent la fin du contrat de travail.

OBJECTIF

Le PARE anticipé permet au salarié adhérant au dispositif d'accélérer son retour à l'emploi. Ainsi l'employeur est tenu de mettre à la disposition des agences locales pour l'emploi le salarié concerné afin qu'il bénéficie des prestations d'aide au retour à l'emploi (entretien professionnel, évaluation des compétences, bilan...). Pour autant le salarié n'est pas dispensé d'exécuter son contrat de travail le reste du temps. L'employeur doit le rémunérer intégralement et lui accorder, en plus, les heures de recherche d'emploi si elles sont prévues par la convention collective. Au terme du préavis, le salarié est admis à bénéficier de l'allocation au retour à l'emploi après application des délais de carence et du différé d'indemnisation (voir pages 36 et s.).

PROCÉDURE

C'est au cours de l'entretien préalable de licenciement que vous sera proposé le PARE anticipé si la réduction de personnel concerne moins de dix salariés sur une période de 30 jours. Dans les autres cas, à l'issue de la dernière réunion du comité d'entreprise (ou du comité d'établissement ou des délégués du personnel), il vous sera remis un document d'information et un dossier d'accès aux prestations.
Vous avez, à compter de la réception de la lettre de notification du licenciement, huit jours pour déposer votre dossier d'acceptation à l'ASSEDIC et en informer votre employeur.

Bon à savoir

Le congé de reclassement

Dans les entreprises d'au moins 1 000 salariés, ceux-ci peuvent bénéficier d'un congé de reclassement dès lors qu'ils sont menacés de licenciement pour motif économique.

Pendant le congé de reclassement qui s'inscrit dans le préavis, le salarié a accès à des actions de formation et à des prestations d'une cellule d'accompagnement pour la recherche d'emploi. Ce dispositif est mis en œuvre par l'entreprise elle-même.

UN DÉPART AVEC INDEMNITÉS

Lorsque vous faites l'objet d'une mesure de licenciement pour motif personnel ou économique vous avez droit aux indemnités de licenciement auxquelles s'ajoute un cortège d'indemnités.

INDEMNITÉS DE LICENCIEMENT

Le salarié, s'il remplit les conditions, ne pourra pas, en tout état de cause, recevoir une indemnité de licenciement inférieure à celle prévue par le Code du travail. Cette indemnité minimale est égale à un dixième de mois de salaire par année d'ancienneté plus un quinzième de mois de salaire au-delà de dix ans d'appartenance à l'entreprise (art. R. 122-2 nouv. al. 1 C. trav.). Pour dix ans d'ancienneté, un salarié recevra comme indemnité un mois de salaire.

Les conventions collectives peuvent prévoir des indemnités de licenciement d'un montant plus élevé.

À noter

La loi de modernisation sociale du 17 janvier 2002 a doublé l'indemnité légale due en cas de licenciement pour motifs économiques. Ainsi, son montant ne peut être inférieur à 2/10 e de mois de salaire par année d'ancienneté. À partir de dix ans d'ancienneté, elle est majorée de 2/15 e par année.

Bon à savoir

Le départ à la retraite dans le cadre d'un plan social

Le salarié qui part volontairement à la retraite dans le cadre d'un plan social prend l'initiative de la rupture de son contrat de travail. Il ne peut donc pas prétendre à l'indemnité conventionnelle de licenciement (C. cass., soc., 25.6.2002, n° 00-18.907).

INDEMNITÉS COMPENSATRICES DE CONGÉS

Lors de la rupture du contrat de travail, le salarié a toutes les chances d'avoir en réserve un capital de jours de congés non pris. Ces derniers donneront lieu au versement d'une indemnité de congés payés. Mais attention l'indemnité compensatrice de congés payés reculera le début de l'indemnisation de l'ASSEDIC.

L'INDEMNITÉ DE PRÉAVIS

Lors de la rupture d'un contrat de travail, le salarié bénéficie, en principe, d'un préavis. Lorsque l'employeur l'en dispense, il doit lui verser une indemnité correspondant au salaire qu'il aurait versé si le salarié avait travaillé.

LA PRIME DU TREIZIÈME MOIS

De nombreuses conventions collectives prévoient le versement d'une prime correspondant à un mois de salaire, appelé souvent le treizième mois. Lorsque la prime est payable en fin d'année et que le salarié quitte l'entreprise en cours d'année, il a droit, en général, à cette prime mais réduite en fonction du nombre de mois de présence dans l'année. Néanmoins, certaines conventions subordonnent le versement de la prime à la présence du salarié dans l'entreprise au moment de son versement.

LA PARTICIPATION, L'INTÉRESSEMENT OU LE PLAN D'ÉPARGNE

Si votre argent est investi dans l'un de ces systèmes, vous avez la possibilité, en principe, de demander à ce que vos fonds soient débloqués au moment de la rupture du contrat de travail.

Attention

En cas de licenciement pour faute grave (faute d'une exceptionnelle gravité rendant la poursuite du contrat impossible comme le vol) le salarié sera privé d'indemnités de préavis et de licenciement. La faute lourde (caractérisée par l'intention de nuire à l'employeur) prive le salarié de toutes les indemnités.

Indemnités de rupture	Impôt	Cotisations sociales	CSG et CRDS (après application d'un abattement de 5 %)
Indemnités de licenciement Hors plan social	Exonération dans la limite du plus élevé des trois montants suivants : - montant de l'indemnité de licenciement légale ou conventionnelle ; - moitié de l'indemnité de licenciement perçue (1) ; - double de la rémunération brute perçue pendant l'année civile précédente (1).	Exonération dans la limite du plus élevé des trois montants suivants : - soit le montant de l'indemnité de licenciement légale ou conventionnelle ; - soit la moitié de l'indemnité de licenciement perçue (2) ; - soit du double de la rémunération brute perçue pendant l'année civile précédente (2).	Exonération dans la limite du montant de l'indemnité de licenciement légale ou conventionnelle
En cas de plan social	Exonération totale	Exonération totale	Exonération dans la limite du montant de l'indemnité de licenciement légale ou conventionnelle
Indemnités compensatrices de préavis	Soumises à impôt	Soumises à cotisations sociales	Soumises à CSG et CRDS
Indemnités compensatrices de congés payés	Soumises à impôt	Soumises à cotisations sociales	Soumises à CSG et CRDS
Prime de treizième mois	Soumises à impôt	Soumises à cotisations sociales	Soumises à CSG et CRDS
Primes de participation	Exonération totale	Exonération totale	Soumises à CSG et CRDS

(1) La fraction exonérée de l'indemnité ne peut être supérieure à : 360 000 € ; la part de l'indemnité de licenciement égale au montant de l'indemnité conventionnelle est totalement exonérée d'impôt même si elle est supérieure à la limite de 360 000 €.
(2) La fraction exonérée de l'indemnité ne peut être supérieure à 360 000 €.

Bon à savoir

La protection sociale des chômeurs

• Vos frais de maladie : vous êtes couvert ainsi que les membres de votre famille rattachés à vous pour la protection sociale tant que vous serez indemnisé à un titre ou à un autre (aide au retour à l'emploi, allocation unique dégressive, allocation de conversion, allocation de solidarité).

• Retraite de la Sécurité sociale : les périodes de chômage indemnisées comptent dans le nombre de trimestres d'assurance vieillesse pour le calcul de votre retraite.

En revanche, si vous n'êtes plus indemnisé parce que vous avez épuisé vos droits au chômage, ces périodes de chômage sans allocation sont assimilées à des trimestres d'assurance dans la limite de cinq ans sous réserve de remplir deux conditions : être âgé d'au moins 55 ans à la date de cessation de l'indemnisation et justifier d'au moins vingt ans de cotisations tous régimes d'assurance vieillesse de base confondus (lettre ministérielle du 9 avril 2002, circ. CNAV n° 2002/36, 14.6.2002).

Si cette double condition n'est pas respectée, la période de chômage non indemnisée donnera droit au maximum à une année d'assurance.

Sachez que cinquante jours de chômage valident un trimestre d'assurance vieillesse, dans la limite de quatre trimestres par an.

• Retraite complémentaire ARRCO et AGIRC (retraite des cadres). Des points de retraite complémentaire vous seront attribués pour les périodes de chômage indemnisées postérieures au 1er octobre 1967 à condition qu'elles interrompent des périodes validables par les caisses de retraites complémentaires.

Le nombre de points validés est déterminé sur la base du salaire de référence auquel sont appliqués au minimum, les taux de 6 % pour les points ARRCO et 16 % pour les points AGIRC.

Notez que les cotisations de retraite complémentaire (voir page 32) prélevées sur les allocations de chômage ne servent pas à acquérir des points mais constituent une participation au financement des régimes de retraite complémentaire.

Questions-réponses

Est-ce que tous les licenciements ouvrent droit à l'allocation de chômage ?

Dès lors que le contrat de travail a été rompu par l'employeur, l'ASSEDIC indemnise le chômage et ne se préoccupe nullement de la raison pour laquelle les relations de travail ont pris fin. Même le comportement répréhensible du salarié (le vol, par exemple) ne fera pas obstacle à l'indemnisation. Mais son emprisonnement éventuel remettra en cause le versement de ses allocations parce qu'il ne sera pas considéré comme demandeur d'emploi. ▶

Questions-réponses

Est-il possible de procéder à l'inscription comme demandeur d'emploi par téléphone ?
Le dépôt du dossier unique d'inscription comme demandeur d'emploi et de demande d'allocation ne peut pas, en général être fait par téléphone ; vous devez vous présenter, en personne auprès de l'ASSEDIC de votre ville. Si aucun bureau n'est installé dans votre commune, la démarche peut se faire tout à fait valablement auprès de votre mairie. Cette dernière vous délivrera les formulaires nécessaires lesquels doivent porter le cachet de la mairie.

Quand les allocations de chômage sont-elles créditées sur le compte bancaire ?
L'ASSEDIC transmet les ordres de paiement des allocations aux établissements bancaires le sixième jour du mois non compris le dimanche et les jours fériés. Mais pour obtenir le paiement des allocations de chômage en temps et en heure, vous devez actualiser votre situation au tout début du mois et envoyer les bulletins de salaire si vous avez travaillé. Pour gagner du temps, vous pouvez toujours « actualiser » votre situation par téléphone grâce au service vocal qui est mis en place. Si vous opérez ainsi, il vous sera demandé en début d'interrogation votre code personnel et votre numéro d'identifiant attribués par l'ASSEDIC.

Je travaille sous contrat à durée déterminée et on m'a proposé de me garder sur le même poste ; je compte refuser. Quelles seront les conséquences de mon refus ?
Théoriquement, à la fin du contrat à durée déterminée l'employeur doit au salarié une prime de précarité égale à 10 % de l'ensemble des salaires bruts versés. Mais votre refus de signer un contrat à durée indéterminée autorise votre employeur à ne pas vous verser cette prime. En revanche, il ne vous prive pas des allocations de chômage. Toutefois, si la proposition de votre employeur et votre rejet sont connus de l'ASSEDIC par l'intermédiaire de « l'attestation ASSEDIC », ce dernier peut être signalé au directeur départemental du travail lequel est compétent pour contrôler la recherche d'emploi. Un refus risque d'entraîner des sanctions par la DDT.

À noter
Votre employeur, à la fin du contrat à durée déterminée, doit remplir une attestation à remettre à l'ASSEDIC afin que vos droits au chômage soient examinés. Sur ce document, la cause de la rupture de travail doit être indiquée. Votre employeur peut ne pas cocher la case correspondante à la fin d'un contrat à durée déterminée mais mentionner votre refus de signer le contrat proposé.

Je perçois l'aide au retour à l'emploi. Mon médecin m'a prescrit un arrêt de travail de quinze jours. Que dois-je faire ? Que vais-je percevoir ?
Vous ne pouvez cumuler les indemnités journalières versées par la Sécurité sociale et les allocations de chômage. De plus, en arrêt pour maladie, vous n'êtes pas apte au travail, c'est-à-dire en mesure de prendre immédiatement un emploi. ▶

Questions-réponses

Or, il s'agit là d'une condition à remplir pour percevoir les allocations de chômage. Aussi devez-vous envoyer votre avis d'arrêt de travail à l'ASSEDIC qui en tiendra compte pour calculer le montant de l'aide au retour à l'emploi à verser. Elle ne vous accordera pas d'allocation pour vos quinze jours d'arrêt pour maladie. En revanche, vous recevrez des indemnités journalières de la Sécurité sociale. Cependant vous ne serez pas indemnisé pour les quinze jours mais seulement pour douze jours, car votre caisse primaire d'assurance maladie appliquera trois jours de carence. Les quinze jours au cours desquels vous n'avez rien reçu de l'ASSEDIC reporteront d'autant la fin de votre indemnisation au chômage.

La mairie me propose un contrat à durée déterminée d'un an. Me donnera-t-il droit aux allocations de chômage ?

Oui, vous aurez les mêmes droits que n'importe quel salarié du secteur privé. Pour déterminer votre durée d'indemnisation et le montant de l'allocation, on tiendra compte non seulement de votre contrat auprès de l'employeur public, mais également de vos éventuelles activités antérieures. Si la mairie a adhéré au régime d'assurance chômage, vous recevrez votre allocation par l'ASSEDIC. Si elle n'a pas choisi cette option, elle assure elle-même son propre système d'indemnisation. Mais, en fonction de la durée des contrats de travail respectifs dans le secteur privé et public et en fonction de règles de coordinations complexes, c'est soit votre dernier employeur, soit l'ASSEDIC qui vous indemnisera.

L'ASSEDIC prétend m'avoir versé une allocation trop importante depuis plus de six mois et me réclame 1 200 €. Puis-je demander des explications et un échelonnement du remboursement ?

Si vous ne comprenez pas le pourquoi de la mesure, n'hésitez pas à prendre rendez-vous avec un agent de l'ASSEDIC afin de lui poser toutes vos questions et d'obtenir les éclaircissements nécessaires. Sachez que vous pouvez consulter dans les lieux d'accueil du public des notices d'information sur la réglementation en vigueur. Si la somme en cause est bien due, vous pouvez toujours solliciter une remise de dette. C'est la commission paritaire de l'ASSEDIC qui décidera de vous l'accorder ou non, en totalité ou partiellement. En cas de réponse négative, il vous restera à demander le remboursement échelonné de la somme. Il vous sera proposé, par écrit, un échéancier que vous devrez respecter.

Doit-on avertir l'ASSEDIC, lorsque l'on prend quelques jours de vacances ?

En chômage, vous avez droit à trente-cinq jours de congés que vous pouvez prendre quand bon vous semble. Mais, vous devez néanmoins prévenir l'ANPE de la durée de votre absence.

▶

Questions-réponses

Je viens d'être licencié d'une entreprise de BTP et mon employeur n'a pas acquitté les cotisations sociales. Puis-je bénéficier des allocations de chômage ?

L'employeur est responsable du règlement de la part salariale et patronale des cotisations sociales. L'ASSEDIC ne fera donc pas peser les conséquences du non-paiement des cotisations sur le salarié. Elle versera les allocations, mais engagera une action en justice contre l'employeur fautif pour récupérer son dû.

À quelles conditions un dirigeant de société peut-il bénéficier de l'assurance chômage ?

Vous pouvez prétendre à cette protection si, en plus de vos fonctions de dirigeant, vous pouvez justifier d'un contrat de travail ; même chose pour les associés. Mais la seule existence d'un écrit ne suffit pas à prouver l'existence d'un lien de subordination : vous devez être dirigé, contrôlé par votre employeur et percevoir un salaire en contrepartie du travail fourni.

VOUS REPRENEZ UNE ACTIVITÉ

On le sait, les chômeurs, en fonction de leur qualification, ont plus ou moins de difficultés à s'insérer dans la vie professionnelle et connaissent des périodes de carrière parfois chaotiques avec une série de contrats de travail de plus ou moins longue durée. Pour accepter ces contrats précaires encore faut-il avoir la certitude que financièrement il est plus intéressant de travailler que de rester au chômage. Selon la réglementation en vigueur, une reprise d'activité n'est jamais financièrement pénalisante et même lorsqu'elle est de courte durée.

Pour trouver le thème qui vous intéresse, consultez la table des matières en début de volume ou l'index alphabétique en fin de volume.

LES AVANTAGES LIÉS À UNE REPRISE D'ACTIVITÉ

Une reprise d'activité ne vous fait pas perdre vos droits au chômage si vous veniez à perdre ce nouvel emploi. Par ailleurs, vous pouvez cumuler dans certaines proportions un salaire pour un travail réduit ou occasionnel et une allocation. Dans tous les cas, en travaillant, vous repoussez la date de fin d'indemnisation.

VOUS REPRENEZ UNE ACTIVITÉ À TEMPS COMPLET

Si vous avez signé un contrat à durée déterminée ou indéterminée à temps complet, votre indemnisation au titre du chômage va s'interrompre. À la fin du contrat à durée déterminée ou en cas de rupture du contrat à durée indéterminée, sachez que l'ASSEDIC tient compte des droits à indemnisation qui vous restaient au moment de la reprise du travail. En effet, les compteurs ne sont pas remis à zéro : l'ASSEDIC soit reprendra l'indemnisation là où vous l'avez laissée, soit vous calculera vos nouveaux droits.

➤ Vous avez travaillé moins de six mois

La durée de l'emploi est insuffisante pour vous ouvrir de nouveaux droits. L'indemnisation du chômage reprend donc là ou vous l'avez laissée avant de prendre votre dernier travail : l'ASSEDIC vous verse alors votre « reliquat de droit ».

Pour bénéficier à nouveau de l'allocation, vous devez être à nouveau inscrit comme demandeur d'emploi.

➤ Votre contrat a duré au moins six mois

Une activité professionnelle d'au moins six mois vous donne de nouveaux droits : une durée d'indemnisation (voir la rubrique *La durée d'indemnisation*) et une allocation calculée à partir de vos derniers salaires.

Si vous mettez fin au contrat de travail, vous n'aurez plus de droit au chômage sauf si votre démission est considérée comme légitime (voir la rubrique *Six conditions pour percevoir une allocation de chômage*).

Dans tous les autres cas, l'ASSEDIC va comparer vos nouveaux droits à allocation avec les anciens. Seront additionnées toutes les allocations journalières auxquelles vous avez droit grâce à votre dernier contrat. Il est opéré de la même manière pour le reliquat de droit. C'est la solution correspondant au montant le plus élevé qui sera retenue.

Attention

Cette solution ne sera peut-être pas, à vos yeux, la plus favorable, car vous pouvez recevoir une allocation de très faible montant pendant une longue période au lieu d'une allocation plus forte pendant peu de temps. Malheureusement, vous n'avez pas le choix.

À noter

Une position avantageuse pour les personnes âgées de 57 ans et plus
Vous avez perdu un emploi alors que vous aviez au moins 57 ans et percevez des allocations de chômage. Si vous reprenez un travail et que vous le perdez, ce sont automatiquement vos anciens droits qui vous seront versés. Ils sont souvent plus avantageux que les droits nouvellement acquis. Cependant, si vous voulez bénéficier d'une allocation calculée à partir de vos nouveaux droits, vous pouvez en faire la demande.

En pratique

Délai de carence

Lorsque vous perdez votre second emploi et que l'ASSEDIC vous verse votre reliquat de droit, le délai de carence vous est appliqué mais pas le différé. En cas de réadmission les délais de carence liés à l'indemnité de congés payés et aux indemnités de rupture sont également appliqués; le différé d'indemnisation de sept jours ne l'est pas si la réadmission a lieu moins de douze mois après la première inscription.

➤ Pendant combien de temps pouvez-vous retrouver vos droits ?

Après une période de chômage indemnisé, vous retrouvez un travail que vous perdez à nouveau : une reprise de vos anciens droits est possible à condition qu'un délai pas trop long se soit écoulé entre la première indemnisation de l'assurance chômage et la date de réadmission : ce délai est dit de déchéance. L'ancienneté de vos droits doit être au plus égale à la durée du droit ouvert plus trois ans.

Exemple

Vous êtes indemnisé depuis le 1er février 2004 et pour une période maximale de vingt-trois mois c'est-à-dire jusqu'au 1er janvier 2006 (sans reprise d'activité). Si vous reprenez une activité, jusqu'au 1er janvier 2006, terme du délai de déchéance, vos anciens droits pourront être repris.

VOUS REPRENEZ UNE ACTIVITÉ À TEMPS PARTIEL

Travailler et recevoir une partie des allocations de chômage est possible mais sous certaines conditions.

➤ Les conditions à remplir

– Vous ne travaillez pas plus de 136 heures par mois. Au-delà de cette barre fatidique vous ne recevez pas d'allocations de chômage pour le mois considéré. Le seuil de 136 heures n'est pas applicable aux professions relevant de l'annexe 1 : assistante maternelle, VRP, journaliste... (voir page 10) ;

– vous reprenez, après la perte d'emploi, une activité réduite salariée vous procurant une rémunération n'excédant pas 70 % des rémunérations brutes mensuelles prises en compte pour le calcul de votre indemnisation ; la rémunération de l'activité occasionnelle ou réduite s'apprécie par mois civil ;
– la reprise d'activité ne doit pas se faire chez votre ancien employeur ; toutefois, dans un nombre limité de cas, le versement de l'allocation de retour à l'emploi n'est pas incompatible avec une reprise d'activité chez votre ex-employeur. Il en sera ainsi lorsque la collaboration est ponctuelle et intervient pour des raisons légitimes. C'est toujours la commission paritaire de l'ASSEDIC qui aura à en décider ;
– vous êtes inscrit à l'ANPE et continuez à rechercher effectivement du travail.

Bon à savoir

La reprise d'une activité réduite chez l'ancien employeur

Elle est, en principe, incompatible avec le maintien partiel du versement de l'ARE. Toutefois, lorsque l'ex-employeur du salarié a recours à la collaboration de ce dernier de façon ponctuelle pour des motifs légitimes, le maintien de l'indemnisation est possible sur décision de la commission paritaire. Sont dispensés de cet examen préalable, les anciens salariés des associations intermédiaires, les aides ménagères employées par des organismes sociaux et mises à la disposition de particuliers et plus généralement les anciens salariés d'associations de services à domicile.

➤ Quel est le montant de l'allocation ?

En cas d'activité reprise et lorsque les conditions de seuil exposées ci-dessus sont respectées, le versement de l'allocation de chômage est maintenu mais après application d'un décalage. Le décalage correspond à un nombre de jours non indemnisables au cours du mois civil, calculé en fonction des rémunérations procurées par l'activité professionnelle reprise ; il a pour effet de reporter d'autant le versement des prestations chômage dans le temps. Une reprise d'activité réduite ne change en rien la durée maximale d'indemnisation.
Pour établir le nombre de jours de décalage, l'ASSEDIC va convertir le salaire perçu en nombre de jours non indemnisables selon la formule suivante :

$$\frac{\text{salaire brut mensuel de l'activité reprise}}{\text{salaire journalier de référence.}}$$

Le nombre de jours de décalage retenu pour le mois civil considéré est égal au nombre entier immédiatement inférieur issu de l'opération.

Exemple

Un demandeur d'emploi perçoit une ARE calculée sur la base d'un salaire journalier de référence de 54 €. Il reprend une activité à temps partiel pour laquelle il perçoit un salaire brut mensuel de 1 200 €. Le nombre de jours non indemnisables dans le mois est égal à : 1 200/54 = 22 jours.

L'opération s'effectue mois par mois. Aussi, lorsque le nombre de jours de décalage excède le mois civil, aucun report sur le mois suivant n'est en général effectué (sauf pour certaines professions).

Attention

Vous pouvez cumuler des allocations de chômage avec un salaire pour une activité réduite au maximum pendant dix-huit mois.

À noter

Les allocataires de plus de 50 ans échappent à cette règle restrictive des dix-huit mois (tout comme les bénéficiaires d'un contrat emploi-solidarité). Par ailleurs, le nombre de jours non indemnisables est multiplié par 0,8 lorsque le chômeur a plus de 50 ans. Cette opération revient à réduire le nombre de jours non indemnisables. Reprenons l'exemple précédent : si le salarié a 51 ans, le nombre de jours non indemnisables sera de 17 (22 x 0,8).

Comment déclarer sa nouvelle activité

Vous devez en informer l'ASSEDIC par le biais de la déclaration mensuelle de situation et déclarer à cette occasion le nombre d'heures effectuées dans le mois. Envoyez à l'ASSEDIC une copie de votre ou de vos bulletins de paie pour que le montant de l'allocation due puisse être recalculé.

Bon à savoir

Vous avez conservé une activité

Vous avez plusieurs employeurs. En cas de perte de l'un de ces emplois, vous pouvez vous inscrire comme demandeur d'emploi. Cependant, vous ne percevrez l'allocation de chômage pour cet emploi perdu que si le nombre d'heures de travail gardé ne dépasse pas 136 heures et que les rémunérations conservées n'excèdent pas 70 % des revenus dont vous bénéficiez avant la fin du contrat de travail. Ce seuil est calculé d'une part à partir du salaire journalier de référence servant de base de calcul de l'allocation de chômage et du salaire journalier résultant de la ou des activités conservées. Si ces conditions sont respectées, le versement des allocations est maintenu en totalité. Il n'y a pas lieu de déterminer un nombre de jours non indemnisables.

VOUS LANCEZ VOTRE AFFAIRE

Sachez qu'un créateur d'entreprise sur trois est un demandeur d'emploi et la moitié d'entre eux se sont lancés dans l'aventure alors qu'ils étaient au chômage depuis moins d'un an. Alors pourquoi pas vous ? Néanmoins, mieux vaut raison garder. Et les difficultés pour se lancer dans l'aventure sont nombreuses. Certaines dispositions vous permettent de faire face.

➤ Une aide pour franchir le pas : l'aide aux chômeurs créateurs et repreneurs d'entreprise (ACCRE)

L'aide aux chômeurs créateurs et repreneurs d'entreprise (ACCRE) consiste en une exonération de charges sociales pour le créateur pendant un an. Peuvent prétendre à cette mesure principalement :
- les chômeurs indemnisés ou susceptibles de l'être ;
- ceux non indemnisés s'ils sont inscrits à l'ANPE depuis au moins six mois au cours des dix-huit derniers mois ;
- les bénéficiaires de l'allocation de solidarité spécifique, de l'allocation de parent isolé, ou du RMI ;
- les personnes remplissant les conditions d'accès aux « emplois jeunes » ou dont le contrat emploi-jeune a été rompu avant son terme ;
- les salariés repreneurs de tout ou partie de leur entreprise en difficulté.

Pour les demandeurs d'emploi indemnisés ou susceptibles de l'être, l'exonération de cotisations est totale à une exception près : reste due la cotisation de retraite complémentaire. Pour les autres bénéficiaires de l'ACCRE, l'exonération ne porte que sur la partie du salaire ne dépassant pas 120 % du SMIC.

Pour obtenir cet avantage faites la demande à la direction départementale du travail et de l'emploi (DDTE) du siège social de l'entreprise et cela impérativement avant la création ou la reprise de l'entreprise.

➤ Les chéquiers-conseil

Bénéficiaires de l'ACCRE, vous avez droit aux chéquiers-conseil grâce auxquels vous pourrez financer une formation ou des conseils en gestion d'entreprise. La demande est à adresser à la DDTE avant ou après la création d'entreprise.

➤ Une aide financière

Certains bénéficiaires de l'ACCRE peuvent prétendre à une aide financière à la charge de l'État. Sont visés notamment les bénéficiaires de minima sociaux (allocation de solidarité spécifique, allocation de parent isolé), les salariés repreneurs de leur entreprise et les plus de 50 ans inscrits sur la liste des demandeurs d'emploi. L'aide prend la forme d'une prime et non plus d'une avance comme auparavant (décret du 5.9.2001). Cette prime d'un montant maximal de 6 098 € est modulable selon l'analyse financière du dossier. Sont favorisés les projets de petite taille, c'est-à-dire ne dépassant pas une enveloppe financière de 45 000 €.

Le dossier de demande peut être retiré et déposé auprès de la Direction départementale du travail et de l'emploi.

Vous pouvez, par ailleurs, grâce au dispositif d'encouragement au développement d'entreprises nouvelles (Eden) obtenir des prestations d'accompagnement et de formation.

Bon à savoir

Des plus

Les bénéficiaires de l'allocation de solidarité spécifique ou de l'allocation veuvage ont droit pendant un an au maintien de leur allocation tout comme les titulaires du RMI et de l'allocation de parent isolé (API).

– Si vous perceviez des allocations de chômage avant la création d'entreprise, vos revenus professionnels pourront se cumuler avec une allocation de chômage si la commission paritaire de l'ASSEDIC répond favorablement à votre demande de cumul. Le nombre de jours non indemnisables sera déterminé en divisant le revenu tiré de l'activité non-salariée par le salaire journalier de référence.

Lorsque l'entreprise créée n'est pas viable

Si vous avez cessé votre activité salariée volontairement pour créer ou reprendre une entreprise, vous pourrez en cas d'échec de votre projet vous inscrire comme demandeur d'emploi et faire valoir vos droits au chômage. Le départ volontaire sera présumé légitime, sous certaines conditions qui restent à définir.

Par ailleurs, tout créateur d'entreprise, qu'il ait ou non obtenu l'aide à la création d'entreprise, peut, en cas de cessation d'activité, s'inscrire comme demandeur d'emploi et demander le bénéfice des allocations de chômage si son inscription intervient dans les 36 mois qui suivent la fin de son contrat de travail. En pratique le délai de douze mois, dit de forclusion, qui démarre à la fin du contrat de travail et au cours duquel vous devez vous inscrire comme demandeur d'emploi est interrompu par la période de création d'entreprise mais dans la limite de vingt-quatre mois.

Exemple

M. A salarié décide de créer son entreprise. Il démissionne de son emploi en septembre 2003. À partir de cette date, il a 36 mois au maximum pour s'inscrire comme demandeur d'emploi, si son projet échoue. Le raisonnement est exactement le même, si, au lieu de démissionner, il est licencié.

Bon à savoir

Le portage salarial : entre le salariat et le libéral, la troisième voie

Travailler de manière indépendante peut être tentant mais être obligé de monter une affaire paraît très lourd à beaucoup. Sachez qu'aujourd'hui avec les sociétés de portage salarial, vous pouvez tester vos capacités à entreprendre et avoir des expériences ponctuelles de travail indépendant. C'est à vous de rechercher vos missions. Une fois trouvée, vous l'apporterez à une société de portage. Cette dernière facturera les services que vous fournirez à l'entreprise cliente et vous rétrocédera les sommes encaissées sous forme de salaire après avoir prélevé les cotisations sociales et une commission qui atteint 10 à 15 % du montant de la facture. Ainsi, en général, deux contrats sont signés :

– le premier est un contrat de prestation qui lie la société de portage, le client et vous-même ;

– le deuxième est un contrat de travail à durée déterminée entre la société de portage et vous-même.

Il existe aujourd'hui beaucoup de sociétés de portage et certaines d'entre elles se sont regroupées au sein d'un syndicat : Syndicat des entreprises de portage salarial (SEPS), 1, avenue Hélène Boucher, 93123 La Courneuve Cedex. Tél. : 01 45 08 86 86.

Entre chaque mission, vous retrouverez votre droit au chômage. Vous échappez ainsi aux risques liés au travail indépendant.

VOUS EXERCEZ UNE ACTIVITÉ BÉNÉVOLE

Même si l'article L. 351-17-1 du Code du travail prévoit que tout demandeur d'emploi peut exercer une activité bénévole, quelques précautions sont à prendre avant de vous lancer dans l'activité associative. L'ASSEDIC suspendra le versement des allocations si elle est exercée chez un ancien employeur ou présente un caractère professionnel ou encore si elle est incompatible avec la recherche d'un emploi. Il peut en être ainsi par exemple si votre action a pour conséquence de remplacer du personnel administratif ou encore si vous êtes un ancien salarié de l'association. En revanche, l'exercice d'une activité bénévole, caractérisée par l'absence de rémunération et la faible importance du temps consacré, est compatible avec le versement des allocations de chômage. En cas de doute sur le caractère bénévole de votre activité, votre dossier sera soumis à la commission paritaire.

Ne remettent jamais en cause le versement des allocations de chômage : l'exécution d'un mandat syndical de représentation dans un organisme paritaire (la Sécurité sociale par exemple) ; l'exécution d'un mandat électif auprès, par exemple, des conseils de prud'hommes, des organismes sociaux, des collectivités locales...

VOUS REPRENEZ UNE ACTIVITÉ INDÉPENDANTE

L'exercice d'une activité non salariée est compatible avec l'attribution ou le maintien des allocations si vous remplissez les conditions suivantes :

- vous êtes inscrit sur la liste des demandeurs d'emploi et recherchez de façon effective et permanente un emploi ;
- les revenus tirés de l'activité indépendante n'excèdent pas 70 % des revenus antérieurs.

Le cumul, possible sans que le dossier soit soumis à la commission paritaire, est partiel : le nombre de jours non indemnisables est égal au montant des rémunérations déclarées au titre des assurances sociales divisé par le salaire journalier de référence. Pour les allocataires de 50 ans et plus le résultat est affecté d'un coefficient de minoration égal à 0,8.

Par ailleurs, le cumul est limité dans le temps : il est possible pendant 18 mois au maximum (cette limite n'est pas applicable aux plus de 50 ans).

LES CONTRATS QUI VOUS SERONT LE PLUS SOUVENT PROPOSÉS

Le Code du travail pose comme principe que l'embauche doit se faire sous contrat à durée indéterminée. Mais la réalité est tout autre : plus de la moitié des embauches sont réalisées sous contrat à durée déterminée. Il constitue pour les employeurs un moyen de gestion souple des effectifs. Par ailleurs, pour inciter les entreprises à embaucher des chômeurs ayant des difficultés de reclassement, comme c'est le cas en début et en fin de carrière, les pouvoirs publics ont développé un arsenal de contrats de travail aidés grâce auxquels les employeurs obtiennent des aides à la rémunération ou des exonérations de cotisations sociales pour des contrats signés avec des chômeurs de longue durée, jeunes ou âgés. Ces contrats de travail particuliers vous donneront-ils droit au chômage ?

LE CONTRAT À DURÉE DÉTERMINÉE (CDD)

Le recours à un contrat de travail à durée déterminée (CDD) est strictement réglementé.

➤ Les caractéristiques du contrat

Ce contrat ne peut être conclu que pour l'exécution d'une tâche précise et temporaire et dans des cas limités :
- pour le remplacement d'un salarié temporairement absent, sauf si l'absence résulte d'une grève ;
- pour faire face à un accroissement temporaire d'activité : ce surcroît de travail peut être habituel (période de Noël dans le secteur du commerce par exemple), lié à une commande exceptionnelle ou à une tâche occasionnelle ne relevant pas de l'activité normale de l'entreprise ou enfin de travaux urgents ;
- pour des travaux saisonniers, à condition que la variation d'activité soit régulière, cyclique, prévisible, indépendante de la volonté de l'employeur et du salarié ;
- pour le remplacement d'un salarié passé provisoirement à temps partiel (loi n° 2003-271 du 1.8.2003) ;
- pour le remplacement d'un chef d'entreprise, d'un membre d'une profession libérale, de son conjoint, ainsi que des collaborateurs ou associés non salariés (ordonnance n° 2004-602 du 24.6.2004, *JO* du 26.6.2004).

Ajoutez à cette liste le contrat à durée déterminée d'usage : en effet, dans certain secteurs d'activité caractérisés par des activités temporaires, il est d'usage de recourir au CDD (le sport professionnel, les spectacles, les activités de sondage...).

À noter

Le contrat à durée déterminée est obligatoirement écrit. À défaut, il est considéré comme un contrat à durée indéterminée.

➤ La fin du contrat à durée déterminée

Lorsqu'au terme du contrat, les relations ne se poursuivent pas, le salarié a droit à une indemnité de fin de contrat égale à 10 % du total des salaires bruts versés (loi de modernisation sociale du 10.1.2002). Sont retenus pour son calcul : le salaire brut de base, les primes (treizième mois par exemple), les majorations de salaire pour heures supplémentaires par exemple. La fin d'un contrat à durée déterminée vous donne droit, sous réserve de remplir toutes les conditions nécessaires, aux allocations de chômage. L'ASSEDIC comparera ce qu'il vous reste de droit à indemnisation du fait de la précédente rupture de contrat de travail et vos nouveaux droits acquis grâce à votre dernier CDD. C'est l'indemnisation qui correspond au montant en euros le plus élevé qui sera retenu.
Une convention collective de branche étendue peut limiter l'indemnité de fin de contrat à 6 % à condition d'offrir aux salariés d'accéder à une formation professionnelle (loi n° 2003-6 du 3.1.2003). À la fin du CDD, le salarié pourrait, dans ce cadre, bénéficier notamment d'un bilan de compétence approfondi.

À noter

Le salarié sous contrat à durée déterminée ou de travail temporaire peut désormais rompre son contrat avant le terme s'il justifie d'une embauche à durée indéterminée. Sauf accord avec l'employeur, le préavis sera d'un jour par semaine, dans la limite maximale de deux semaines (loi de modernisation sociale du 17.1.2002).

Bon à savoir

L'intérim

Avec l'intérim vous pouvez remettre le pied à l'étrier, en sachant toutefois que c'est le secteur de la construction qui alimente le plus le secteur du travail temporaire. Rien de plus facile de prendre contact avec une entreprise de travail temporaire (ETT): il en existe un peu partout et l'ANPE vous en donnera aisément les adresses. Ces entreprises enregistrent de manière régulière des personnes de qualifications diverses, les inscrivent dans leurs registres pour les mettre ensuite à la disposition de sociétés grandes ou petites qui en ont besoin pour remplacer un de leur salarié absent ou faire face à un surcroît momentané d'activité. À chaque fois deux contrats obligatoirement écrits sont établis: le contrat de mission qui vous lie à l'ETT que vous avez choisi et qui devient votre employeur et le contrat de mise à disposition qui scelle l'accord passé entre l'ETT et le demandeur, c'est-à-dire la société utilisatrice qui vous accueillera. Tout intérimaire a droit, en principe, quand il quitte l'entreprise d'accueil à une indemnité de fin de mission égale à 10 % de tout ce qu'il a pu toucher et qui figure sur son bulletin de paie.

LE CONTRAT INITIATIVE ET EMPLOI

Peuvent vous le proposer les employeurs relevant du secteur privé (sauf les employeurs de concierges et d'employés d'immeuble, d'employés de maison et d'assistantes maternelles), à condition de ne pas avoir procédé à des licenciements pour motif économique dans les 6 mois précédant l'embauche. Le contrat initiative et emploi doit être présenté avant l'embauche par l'employeur à l'agence locale de l'ANPE.
Il revêtira obligatoirement la forme écrite et sera déposé auprès de la direction départementale du Travail.

➤ Public visé

Le contrat initiative emploi a été réaménagé par le décret du 27 juin 2003 (*JO* du 28 juin). Ainsi peuvent, désormais, être embauchées dans ce cadre notamment :

– les demandeurs d'emploi inscrits comme tels depuis au moins 18 mois dans les 36 mois précédant l'embauche ;

- les demandeurs d'emploi de plus de 50 ans inscrits depuis au moins 12 mois dans les 18 derniers mois ;
- les bénéficiaires du RMI, de l'allocation de solidarité spécifique ou de l'allocation de parent isolé ;
- les travailleurs handicapés.

➤ Les caractéristiques du contrat

On peut vous proposer, dans ce cadre, un travail à temps partiel (pas moins de 17 heures 30 par semaine) ou à temps plein, un contrat à durée indéterminée ou déterminée ; ce dernier doit alors durer entre douze et vingt-quatre mois. Une formation variant entre 200 et 400 heures doit être proposée.

➤ Votre rémunération

La rémunération ne peut être inférieure au SMIC ou au salaire minimum prévu dans la convention collective. Vous pouvez également bénéficier d'une formation dans l'entreprise, si la convention signée entre l'employeur et l'ANPE le prévoit.

➤ À la fin du contrat

Vous ne recevrez pas de la part de l'employeur une indemnité de fin de contrat comme à la fin d'un CDD. Mais le contrat initiative emploi vous ouvre des droits à l'assurance chômage. À l'issue de votre contrat, vous devez donc vous inscrire comme demandeur d'emploi.

➤ Les avantages pour l'employeur

L'employeur reçoit pour chaque embauche sous contrat initiative et emploi une aide forfaitaire de l'État dont le montant est de 330 à 500 € selon la situation du salarié (chômeur de longue durée, âgé, bénéficiaire du RMI...). L'employeur peut également obtenir une aide à la formation ou au tutorat lorsque celle-ci est prévue dans la convention passée avec l'ANPE. Pour encourager l'embauche des plus de 50 ans, ces derniers donnent droit à des aides plus importantes.

LE CONTRAT EMPLOI-SOLIDARITÉ (CES)

Le contrat emploi-solidarité est réservé aux personnes rencontrant des difficultés d'insertion mais également : les jeunes âgés de 18 à 25 ans, les demandeurs d'emploi d'au moins 50 ans, les chômeurs de longue durée, les bénéficiaires du RMI ainsi que leur conjoint ou concubin, les titulaires de l'allocation de solidarité spécifique ou de l'allocation de parent isolé, les bénéficiaires de l'obligation d'emploi notamment au titre du handicap. Ce contrat peut être proposé par trois types d'employeurs : les collectivités territoriales (commune, département, région) ; les personnes morales chargées de la gestion d'un service public (La Poste, SNCF, hôpitaux...) ; les associations sans but lucratif, les fondations, les syndicats, les comités d'entreprise, les organismes de Sécurité sociale et les mutuelles.

Attention

- *À compter du 1er janvier 2005, le contrat emploi-solidarité et le contrat emploi-consolidé devraient fusionner dans un contrat unique.*
- *Ni les entreprises privées, ni les particuliers ne peuvent recourir à cette forme de contrat.*

➤ Les caractéristiques du contrat

L'activité offerte doit correspondre à un besoin collectif non satisfait dans des domaines aussi variés que l'action sociale, l'amélioration de l'environnement, l'entretien d'équipements collectifs, le service aux usagers, l'activité culturelle. Selon un arrêt de la Cour de cassation en date du 16 mars 1999 (n° 97-40 271), bien qu'étant à durée déterminée, le contrat emploi-solidarité peut être utilisé sur un poste permanent.
L'employeur peut, en effet, vous proposer un contrat à durée déterminée à temps partiel dont la durée varie entre trois mois et un an, en règle générale. Cependant, pour les chômeurs de plus de 50 ans, la durée maximum du contrat peut être portée à vingt-quatre ou trente-six mois. Le salarié travaille obligatoirement à temps partiel : la durée du travail est généralement de vingt heures par semaine (en moyenne sur une période de quatre semaines). Le temps disponible doit être mis à profit, autant que possible, pour faire une formation dont l'État peut prendre en charge tout ou partie des frais.

Bon à savoir

Le cumul

À l'issue d'une période de trois mois, et pour une durée limitée à un an, le bénéficiaire d'un CES peut être autorisé à exercer une activité professionnelle complémentaire dans la limite d'un mi-temps. Mais avant de vous engager dans une nouvelle activité, vous devez en faire la déclaration préalable auprès de la direction départementale du travail en précisant notamment: le nom et l'adresse de l'employeur; la nature et la durée du contrat de travail; la durée de travail prévue dans le contrat; la date d'effet du contrat; le numéro de la convention CES en cours.

➤ Votre rémunération

Vous percevrez au minimum le SMIC horaire multiplié par le nombre d'heures effectuées.

Attention

Vous allez acquitter des cotisations sociales mais pas celle de retraite complémentaire. Aussi ces périodes d'activité ne vous donnent-elles pas droit à des points de retraite complémentaire ARRCO ou AGIRC.

Si vous étiez indemnisé par l'ASSEDIC avant de signer le contrat emploi solidarité, l'ASSEDIC pourra compléter votre salaire correspondant à une activité à temps partiel. Ce complément sera calculé de la même façon que dans le cadre d'un cumul de salaire avec une allocation (voir page 52).

À noter

La rémunération liée à l'activité exercée dans le cadre du contrat emploi-solidarité peut être cumulée, sous certaines conditions, avec l'allocation de solidarité spécifique et l'allocation d'insertion, l'allocation de parent isolé ou le RMI.

> La fin du contrat

À l'issue de la période d'essai, ces contrats ne peuvent être rompus avant leur terme qu'en cas de faute grave ou de force majeure ou à l'initiative du salarié pour occuper un autre emploi ou pour suivre une formation.
Au terme du contrat, vous ne recevrez pas de la part de l'employeur l'indemnité de fin de contrat accordée à la fin des CDD. Vous pourrez vous inscrire comme demandeur d'emploi et percevoir des allocations de chômage.

> Les avantages de la formule pour l'employeur

L'employeur bénéficie d'une participation de l'État correspondant à 65 % du montant du salaire calculé sur la base du SMIC (jusqu'à 95 % pour certains demandeurs d'emploi). Il a droit, en outre, à une exonération de la part patronale des cotisations de Sécurité sociale et des autres charges d'origine légale et conventionnelle. Restent dues les cotisations salariales, les cotisations de chômage, la CSG et la CRDS. Il reçoit enfin une aide à la formation, le cas échéant.

LE CONTRAT EMPLOI CONSOLIDÉ (CEC)

Comme pour les contrats emploi-solidarité, le contrat emploi consolidé peut vous être proposé par les collectivités territoriales (commune, département, région) ; les personnes morales chargées de la gestion d'un service public (La Poste, SNCF, hôpitaux...) ; les associations sans but lucratif, les fondations, les syndicats, les comités d'entreprise ; les organismes de Sécurité sociale et les mutuelles.
Le contrat emploi consolidé (CEC) doit faire l'objet, avant l'embauche, d'une convention conclue entre l'État et l'employeur, laquelle doit prévoir notamment des dispositifs comprenant des actions d'orientation professionnelle et de validation des acquis.

Attention

À compter du 1er janvier 2005, le contrat emploi-solidarité et le contrat emploi-consolidé devraient fusionner dans un contrat unique.

➤ Les caractéristiques du contrat

L'embauche au titre d'un CEC peut se faire sous forme d'un contrat de travail à durée indéterminée ou déterminée. Sa durée minimale est alors de douze mois ; il est renouvelable chaque année dans la limite d'une durée maximale de soixante mois.
La durée hebdomadaire de travail est au moins égale à trente heures, heures complémentaires non comprises. Sur dérogation accordée pour une année par le préfet, cette durée peut être réduite, sans pouvoir être inférieure à dix heures, pour les personnes rencontrant des difficultés qui ne leur permettent pas d'effectuer un horaire hebdomadaire de trente heures. La dérogation peut faire l'objet d'un ou plusieurs renouvellements annuels si les difficultés de la personne le justifient.

➤ Votre rémunération

Vous percevrez au minimum le SMIC horaire multiplié par le nombre d'heures effectuées. Comme pour un CES vous pouvez percevoir de l'ASSEDIC un complément de salaire dans le cadre des dispositions relatives à l'activité réduite.

➤ La fin du contrat

Le contrat emploi consolidé ne donne pas droit à la prime de fin de contrat accordée dans le cadre d'un contrat à durée déterminée. Vous pourrez vous inscrire comme demandeur d'emploi et percevoir des allocations de chômage.

➤ Les avantages pour l'employeur

L'État prend en charge une partie du salaire de façon dégressive sur 3 ans : 60 % la première année à 40 % la troisième sur la base d'une durée maximale de travail de 30 heures par semaine et d'un salaire plafonné à 120 % du SMIC. Pour les personnes les plus en difficulté, le taux est de 80 %. L'employeur est exonéré notamment de la part patronale des cotisations de Sécurité sociale et reçoit une aide à la formation. Il peut enfin obtenir une aide à la formation.

L'ASSOCIATION INTERMÉDIAIRE

L'association intermédiaire a pour objet d'embaucher des personnes dépourvues d'emploi rencontrant des difficultés sociales et professionnelles particulières, pour les mettre à titre onéreux à la disposition d'entreprises, de particuliers, d'une association, d'une collectivité territoriale... Dans ce but, une convention est conclue avec le préfet du département dans lequel l'association a son siège, pour une durée maximale de trois ans.

➤ Le statut du salarié

Le chômeur devient salarié de l'association intermédiaire. Il est, en principe, titulaire d'un contrat de travail à durée déterminée. L'association conclut avec l'utilisateur un contrat de mise à disposition. Il s'agit, en fait, d'un système voisin de l'intérim. La rémunération est soit calculée à partir d'un nombre d'heures de travail forfaitaire fixé dans le contrat, soit sur la base d'un nombre d'heures de travail effectuées chez l'utilisateur. Le salaire ainsi perçu peut être cumulé avec des allocations chômage. Le salarié paie l'intégralité de ses cotisations et bénéficie des prestations de Sécurité sociale et de l'affiliation à une institution de retraite complémentaire.

➤ Avantages accordés à l'association

L'association intermédiaire bénéficie d'une exonération des cotisations d'assurances maladie, maternité, invalidité, décès, vieillesse, et d'allocations familiales pour les personnes dont la durée d'activité n'excède pas 750 heures par année civile ou sur une période continue d'un an. Elle peut, par ailleurs, pendant sa première année d'exercice, recevoir une aide financière.

À noter

Les associations intermédiaires font partie des structures d'insertion par l'activité économique au même titre que les entreprises d'insertion et les entreprises de travail temporaire d'insertion (ETTI). Mais elles sont les plus nombreuses : 2 067 associations intermédiaires contre 856 entreprises d'insertion et 263 ETTI. Au cours de 2002, plus de 167 000 salariés ont travaillé pour une association intermédiaire.

CONTRAT JEUNE EN ENTREPRISE

Ce contrat remplace le contrat jeune. Son but ? Faciliter l'accès des jeunes non qualifiés à l'emploi et favoriser leur insertion professionnelle durablement.

Ainsi, il s'adresse à tous les jeunes de 16 ans à moins de 23 ans ayant un niveau de formation inférieur au bac de l'enseignement général, technologique ou professionnel ou ayant le niveau bac mais pas le diplôme. Peuvent également en bénéficier, ceux qui ont suivi un cycle court, même s'ils ont passé avec succès un CAP ou un BEP (art. L. 322-4-6 du Code du travail ; Circulaire DGEFP n° 2002-41 du 23.9.2002).

Ce contrat peut être proposé par les entreprises privées mais pas par l'État, les collectivités territoriales et locales, les établissements et entreprises publics et les employeurs particuliers.

LES CARACTÉRISTIQUES DU CONTRAT

L'embauche doit se faire obligatoirement sous contrat à durée indéterminée. La durée du travail peut être un horaire à temps partiel mais pas inférieur à un mi-temps.

➤ La rémunération

Le salaire versé doit être fixé selon le barème prévu par la convention collective. Il ne peut être inférieur, quoi qu'il en soit, au SMIC.

➤ La fin du contrat

L'employeur peut y mettre fin par licenciement et le salarié par démission. Ils doivent dans un cas comme dans l'autre, respecter un délai de préavis. Toutefois, le jeune peut rompre son contrat sans préavis pour conclure un contrat d'apprentissage, de qualification ou afin de suivre une action de formation professionnelle continue.

➤ Les avantages pour l'employeur

L'employeur peut bénéficier, sous certaines conditions, d'une aide financière dégressive de l'État de trois années au maximum destinée à compenser les cotisations et contributions sociales patronales obligatoires.

En pratique

Le sort du contrat emploi-jeune

Les conventions qui ont été signées avant le 1er janvier 2003 se poursuivent jusqu'au terme prévu. Les associations sont autorisées à prolonger de trois ans les contrats qui arriveront au terme des cinq ans et bénéficieront d'aides financières. Le contrat d'insertion dans la vie sociale (CIVIS) remplace les contrats « emploi-jeune ». Décret du 11 juillet 2003 (*JO* du 13 juillet) : voir ci-dessous.

LE CONTRAT D'INSERTION DANS LA VIE SOCIALE (CIVIS)

Ce contrat est destiné à soutenir des projets à vocation sociale ou humanitaire. Il est entré en vigueur le 15 juillet 2003.

Peuvent en bénéficier les jeunes de 18 à 22 ans (dérogation possible pour les plus de 22 ans à condition que la fin du contrat intervienne avant leur 25e anniversaire) sans emploi ayant un niveau de qualification inférieur ou équivalent à un diplôme de fin de second cycle long de l'enseignement. Ils ont alors la possibilité d'être embauchés avec l'aide de l'État ou d'une collectivité territoriale par des organismes de droit privé à but non lucratif (association par exemple).

Le contrat de travail est de trois ans au maximum. Une convention doit être signée entre l'employeur et l'État. Elle précise : l'activité confiée au jeune, sa durée de travail, les objectifs visés (formation, tutorat, validation des acquis...).
Le montant de l'aide accordée à l'employeur varie entre 33 % et 66 % du SMIC.

LE CONTRAT DE PROFESSIONNALISATION

Ce contrat de travail en alternance associant à une expérience professionnelle des enseignements généraux et professionnels remplacera les actuels contrats de qualification, d'orientation et d'adaptation.

Attention

Les contrats de qualification, d'orientation et d'adaptation pourront être conclus jusqu'au 15 novembre 2004 (loi n° 2004-391 du 4.5.2004, JO du 5.5.2004; Note de la Direction générale de l'emploi et de la formation professionnelle, 11.6.2004). Les contrats en cours à cette date seront honorés jusqu'à leur terme.

➤ Qui est concerné ?

Ce nouveau contrat s'adresse aux personnes âgées de 16 à 25 ans révolus qui peuvent grâce à cela compléter leur formation initiale ainsi qu'aux demandeurs d'emploi âgés de 26 ans et plus. Du côté employeurs, sont visés ceux du secteur privé.

➤ Les caractéristiques du contrat

L'embauche peut se faire sous contrat à durée indéterminée ou déterminée. La durée de ce dernier est conditionnée par la durée de l'action de professionnalisation qui est comprise au minimum entre 6 et 12 mois (elle peut être allongée jusqu'à 24 mois notamment pour les personnes sorties du système scolaire sans qualification professionnelle).
L'employeur s'engage, par ailleurs, à fournir au salarié sous contrat de professionnalisation une formation qui lui permettra d'acquérir une qualification professionnelle et un emploi en relation. Les actions de formation peuvent être mises en œuvre par des organismes extérieurs ou par le service de formation de l'entreprise lorsqu'elle en dispose d'un. Leur durée doit être comprise entre 15 et 25% (voire plus pour certaines catégories de bénéficiaires) de la durée totale du contrat sans pouvoir être inférieure à 150 heures.
Le contrat est obligatoirement écrit et déposé auprès de la Direction départementale du travail.

➤ La rémunération

Les moins de 26 ans percevront une rémunération fixée en pourcentage du SMIC qui variera en fonction de l'âge de l'intéressé et de sa formation (décret à paraître). Ils peuvent percevoir plus si leur contrat ou la convention collective le prévoit. Pour les plus de 26 ans, la rémunération minimale est égale au SMIC ou à 85 % du salaire minimum prévu par la convention collective.

➤ Les avantages de la formule pour l'employeur

Une exonération des cotisations patronales de Sécurité sociale est accordée au titre des rémunérations versées aux personnes âgées de moins de 26 ans et aux demandeurs d'emploi de 45 ans et plus. Cette exonération porte sur la fraction de la rémunération correspondant au SMIC horaire (7,61 € au 1.7.2004) multiplié par le nombre d'heures rémunérées retenu dans la limite de la durée légale de travail.

LE CONTRAT D'ADAPTATION

Il s'adresse aux demandeurs d'emploi de 16 à 25 ans possédant une qualification mais qui ont néanmoins besoin d'un complément de formation. En pratique peut y avoir accès celui qui est sorti du système éducatif après avoir accompli un cycle complet de première formation technologique, ou le titulaire d'une formation générale qui a besoin d'enseignement professionnel. C'est le secteur privé qui peut recruter sous contrat d'adaptation. En principe, tous les domaines d'activité sont susceptibles d'être concernés par ce type de contrat assorti d'une formation de deux cents heures.

Attention

À partir du 15 novembre 2004, un contrat d'adaptation ne pourra plus être conclu. Les contrats en cours à cette date seront honorés jusqu'à leur terme.

➤ Les caractéristiques du contrat

Il s'agit d'un contrat de travail à temps plein (formation comprise) conclu pour une durée déterminée (CDD) ou indéterminée (CDI). La durée d'un CDD est d'au moins six mois sans pouvoir excéder douze mois. L'indemnité de fin de contrat n'est pas due. Dans le cadre d'un CDI, la période d'adaptation (y compris la formation) peut s'étaler sur six ou douze mois. Vous bénéficiez d'une formation d'au moins deux cents heures dispensées pendant le temps de travail, mais également d'une formation en alternance.

➤ Votre rémunération

Vous devez recevoir au moins 80 % du salaire minimum prévu par la convention collective applicable dans l'entreprise. Mais ce montant ne peut pas être inférieur au SMIC.

➤ La fin du contrat

Le CDD ne peut pas être rompu avant son terme sauf si le salarié justifie d'une embauche sous contrat à durée indéterminée, accord des parties, faute grave, ou force majeure. Un CDI ne pourra être rompu par l'employeur que dans la mesure où il pourra justifier d'une cause réelle et sérieuse, comme pour n'importe quel autre salarié.

LE CONTRAT D'ORIENTATION

À la différence du contrat d'adaptation qui s'adresse à des jeunes qualifiés qui ont simplement besoin d'un coup de pouce pour être vraiment opérationnels dans l'entreprise, le contrat d'orientation vise les jeunes qui n'ont pas encore trouvé leur voie.
Sont donc concernés :
- les jeunes de moins de 22 ans ayant, au plus, achevé un second cycle de l'enseignement secondaire général, technologique ou professionnel sans obtenir un diplôme préparé et qui ne sont pas titulaires d'un diplôme de l'enseignement technologique ou professionnel ;
- les jeunes de moins de 25 ans qui ont le bac mais ne sont pas titulaires d'un diplôme de l'enseignement professionnel et qui ont abandonné leurs études avant d'avoir obtenu un diplôme niveau bac + 2 (BTS, DUT, DEUG).

Les employeurs recrutant sous contrat d'orientation relèvent du secteur privé. L'employeur doit proposer au jeune pendant son temps de travail des actions d'orientation professionnelle comme un bilan de compétences, des actions de remise à niveau des connaissances ou permettant l'élaboration d'un projet professionnel. Ces actions d'orientation doivent être dispensées par un organisme extérieur ou par l'entreprise elle-même si elle dispose d'un centre de formation structuré.

Attention

À partir du 15 novembre 2004, un contrat d'orientation ne pourra plus être conclu. Les contrats en cours à cette date seront honorés jusqu'à leur terme.

➤ Les caractéristiques du contrat

Il s'agit de contrats de travail à durée déterminée dont la durée maximale est fixée à :
- neuf mois si le bénéficiaire est un jeune de moins de 22 ans ;
- six mois s'il s'agit d'un jeune de 22 à 25 ans.

La durée des actions d'orientation ne peut être inférieure à 25 % de la durée du contrat pour les jeunes de moins de 22 ans et à 20 % de cette même durée pour les jeunes de 22 à 25 ans.

➤ La rémunération

Sauf dispositions conventionnelles plus favorables, vous percevrez une rémunération déterminée en pourcentage du SMIC :
- 30 % du SMIC si vous avez entre 16 et 17 ans ;
- 50 % du SMIC si vous avez entre 18 et 20 ans ;
- 65 % si vous avez 21 ans et plus.

Les montants prévus pour les jeunes de 18 ans et plus sont calculés à compter du premier jour du mois suivant l'anniversaire du salarié. Ces rémunérations sont exonérées de la part patronale des cotisations de Sécurité sociale jusqu'à la fin du contrat. L'indemnité de fin de contrat n'est pas due par l'employeur.

➤ La fin du contrat

Il est possible de prévoir une période d'essai d'une durée maximale de deux semaines. En dehors de celle-ci, le contrat ne peut être rompu avant son terme que si le salarié justifie d'une embauche sous contrat à durée indéterminée ou qu'employeur et salarié en sont d'accord, pour faute grave du salarié ou force majeure.

LE CONTRAT DE QUALIFICATION

Cette forme de contrat qui allie formation et expérience en entreprise s'adresse à des jeunes de 16 à 25 ans, sans qualification ou avec une qualification inadaptée à l'emploi. Ainsi peuvent en bénéficier tous ceux dépourvus de tout diplôme de l'enseignement professionnel ou de l'enseignement supérieur et ceux détenteurs d'un diplôme qui ne leur permette pas de trouver un emploi.
Le contrat de qualification peut être signé avec un employeur du secteur privé lequel s'engage à lui fournir non seulement un emploi mais également une formation qui lui permettra d'acquérir une qualification professionnelle reconnue. Pour accueillir et guider un jeune pendant toute la durée de son contrat, l'employeur doit choisir au sein de son entreprise un tuteur.

Attention
À partir du 15 novembre 2004, un contrat de qualification ne pourra plus être conclu. Les contrats en cours à cette date seront honorés jusqu'à leur terme.

➤ Les caractéristiques du contrat

Il s'agit d'un contrat de travail à durée déterminée dont la durée est comprise entre six et vingt-quatre mois. Il peut être renouvelé une fois si son objet n'est pas atteint (notamment en cas d'échec aux épreuves d'évaluation, de maladie...). Un quart de la durée du contrat doit être consacré à la formation. Ainsi le jeune en contrat de qualification doit recevoir une formation pratique sur les lieux du travail et une formation théorique dans un centre de formation. Son financement est assuré par l'entreprise (sauf pour les plus de vingt-six ans ; voir l'encadré ci-dessous).
L'embauche ouvre droit à l'exonération des cotisations patronales de Sécurité sociale pendant toute la durée du contrat de qualification.

➤ Votre rémunération

La rémunération varie en fonction de l'âge et de la durée du contrat :

- si vous avez entre 16 et 18 ans : la rémunération est égale à 30 % du SMIC pendant la première année du contrat, puis à 45 % ;
- si vous avez entre 18 et 21 ans : 50 % du SMIC pendant la première année, puis 60 % ;
- après 21 ans : 65 % du salaire minimum conventionnel pendant la première année, puis 75 %.

L'indemnité de fin de contrat n'est pas due.

➤ La fin du contrat

Passée la période d'essai que peut tout à fait prévoir valablement le contrat de qualification, ce dernier ne peut être rompu avant l'échéance prévue que si les deux parties en sont d'accord, pour faute grave ou force majeure ou encore si le salarié justifie d'une embauche sous contrat à durée indéterminée.

À noter

Avant de se lancer dans la course à l'emploi, il peut être utile de faire le point sur ses motivations, compétences, atouts et lacunes. Pour élaborer un projet professionnel réaliste, il faut passer par ce préalable et en particulier une évaluation. Plusieurs organismes en proposent. Tout d'abord les CIO (centre d'information et d'orientation) et leurs conseillers d'orientation mais également l'ANPE avec les évaluations du niveau de connaissance générale et les évaluations du niveau de compétence professionnelle.

Bon à savoir

Élargissement

Le contrat de qualification s'adresse également depuis le 1er janvier 2002 à des personnes de 26 ans et plus, inscrites comme demandeurs d'emploi qui ont besoin d'acquérir une qualification favorisant leur retour à l'emploi. Le coût de la formation nécessaire est pris en charge par l'assurance chômage. Dans ce cadre, il peut vous être proposé un contrat de travail à durée déterminée ou une mission temporaire de 6 à 24 mois.

Une formation représentant au moins 25 % de la durée du contrat doit déboucher sur un diplôme de l'enseignement technologique, une qualification reconnue par une convention collective de branche...

Questions-réponses

Je perçois l'ARE. Puis-je aider mon mari dans son activité artisanale sans risquer de perdre les allocations de chômage ?

Les allocations de chômage cessent d'être versées dès lors que le bénéficiaire exerce une activité professionnelle. Cependant, la collaboration à l'activité professionnelle de son conjoint est considérée, en principe,

▶

Questions-réponses

comme de l'entraide familiale. Elle n'a pas de caractère professionnel si elle est limitée, non lucrative et qu'il s'agit de la continuation d'une collaboration antérieure à la perte de l'emploi salarié. Par ailleurs, en cas de contrôle, vous devez être en mesure d'apporter la preuve de votre recherche d'emploi. En revanche, si les services de l'ASSEDIC constatent que l'activité exercée ne répond pas à ces critères, elle sera analysée comme une activité professionnelle non salariée.

J'essaie de créer ma société. Suis-je toujours considéré comme demandeur d'emploi, même si actuellement, je ne réponds plus aux offres d'emploi ?
Si vous êtes capable d'apporter la preuve de vos démarches en vue de la création de votre entreprise, vous êtes à la recherche d'un emploi que vous créez vous-même. Sachez, par ailleurs, que le seul fait d'être inscrit au registre du commerce et des sociétés ne vous privera pas de vos allocations de chômage.

Attention ! Si vous bénéficiez de l'ACCRE, vous ne pouvez rester demandeur d'emploi ; votre inscription cessera à la date du début effectif de l'activité.

Mon entreprise va prochainement fermer ses portes. Je compte lancer ma propre affaire. Ai-je intérêt à m'inscrire comme demandeur d'emploi ?
Oui, bien sûr. À partir de la rupture de votre contrat de travail, vous avez, en principe, un an pour vous inscrire comme demandeur d'emploi. Passé le délai d'un an, vous perdez vos droits. Si vous faites la démarche dès la rupture de votre contrat, vous pourrez recevoir les allocations le temps d'accomplir les préalables nécessaires pour lancer votre affaire. Une fois qu'un droit à indemnisation vous a été reconnu, vous le conservez potentiellement pendant un certain temps (c'est le délai de déchéance, voir les rubrique *Vous reprenez une activité* et *Vous lancez votre affaire*). Ainsi, le versement des allocations sera suspendu lorsque vous travaillerez dans votre entreprise, mais pourra reprendre si vous interrompez votre activité. Vous gardez cette possibilité de retrouver vos droits aux allocations de chômage pendant un délai de trois ans majoré de la durée de l'indemnisation à laquelle vous avez droit au moment de la reprise d'activité. Mieux vaut donc jouer la carte de la sécurité et s'inscrire comme demandeur d'emploi.

LE CHÔMAGE : UN TEMPS POUR LA FORMATION

Actualiser ses connaissances est un moyen pour donner un coup de pouce à votre reclassement. La période de chômage peut donc se transformer en un temps pour la formation. C'est d'autant plus facile que la convention d'assurance chômage comporte des mesures destinées à accélérer la réinsertion professionnelle avec notamment des aides à la formation.

Pour trouver le thème qui vous intéresse, consultez la table des matières en début de volume ou l'index alphabétique en fin de volume.

LA FORMATION DU CHÔMEUR INDEMNISÉ

Le demandeur d'emploi peut bénéficier d'une formation dès lors qu'elle s'inscrit dans le projet d'action personnalisée. Durant toute cette période, il continue à percevoir son allocation de chômage. En revanche, la prise en charge des dépenses qui y sont attachées tels que les frais d'inscription, de trajet, est soumise à un ensemble de conditions.

POUR LES BÉNÉFICIAIRES D'AIDE AU RETOUR À L'EMPLOI (ARE)

L'entrée en formation ne constitue plus une cause d'interruption du versement de l'aide au retour à l'emploi.
Pendant le temps de la formation, l'allocation dite d'aide au retour à l'emploi formation (AREF) est du même montant que l'ARE versée antérieurement avec cependant une nuance. L'AREF ne peut être inférieure à un montant plancher de 17,92 € au 1er juillet 2004. Ce seuil est appliqué même si avant le stage l'allocation était minorée du fait d'un travail à temps partiel ou d'un chômage saisonnier.
Enfin, elle n'est soumise ni à la CSG, ni à la CRDS. En revanche, elle subit le prélèvement des cotisations de retraite complémentaire.

À noter

Si vous suivez une formation d'une durée de 40 heures maximum, vous conserverez votre statut de demandeur d'emploi et devrez à ce titre être en mesure d'apporter la preuve que vous recherchez un emploi. Lorsque la formation dure plus de 40 heures, vous n'êtes plus immédiatement disponible pour un emploi.
Lorsque le demandeur d'emploi suit plusieurs formations sans que l'une succède immédiatement à l'autre, il conserve le statut de stagiaire de la formation, si la période entre les deux stages n'excède pas 15 jours.

➤ Le temps de la formation

L'AREF n'est versée que dans la limite de la durée d'indemnisation. Que se passe-t-il donc lorsque la formation nécessaire est plus longue ?
Une allocation de fin de formation, prise en charge par l'État, prend le relais dans la limite de quatre mois. Elle est réservée aux chômeurs en formation qui ont droit à l'allocation d'aide au retour à l'emploi pendant sept mois au maximum. Par dérogation, et sous certaines conditions strictes, les directeurs délégués de l'ANPE peuvent accorder l'allocation de fin de formation à des personnes ne remplissant pas cette condition. Le montant de l'allocation de fin de formation est, dans tous les cas, égal au dernier montant journalier de l'ARE perçu par l'intéressé à la date de l'expiration de ses droits.

➤ Une décision prise avec l'agence nationale pour l'emploi (ANPE)

C'est dans le cadre du projet d'action personnalisé (et donc avec l'ANPE) dont l'objet est de définir les mesures qui doivent permettre au salarié privé d'emploi de se reclasser que seront fixées les actions de formation nécessaires. Ne sont visées que les formations qualifiantes, diplômantes, d'adaptation ou de réorientation nécessaires au chômeur.

➤ En cas de refus

Le refus non légitime de suivre une formation entraîne une interruption de versement des allocations. Par ailleurs, en cas de doute sur la volonté du chômeur de suivre une formation prévue dans le PAP, la direction départementale du Travail, de l'Emploi et de la Formation professionnelle peut être saisie. Elle a alors à se prononcer sur la légitimité de refus et peut décider d'exclure temporairement ou définitivement l'intéressé du bénéfice de l'ARE (art. 19 et 20 du nouveau règlement).

FORMATION CIBLÉE

Les actions de formation suivies dans le cadre du PAP peuvent donner lieu à une aide à la formation qui correspond au financement des frais restant à la charge du stagiaire. Il s'agit concrètement des frais de formation, de dossier et d'inscription, de transport et d'hébergement.

Donnent droit à cette aide :

- les actions de formation sélectionnées en fonction des débouchés qu'elles offrent sur le marché de l'emploi : ces formations sont homologuées par les ASSEDIC (elles font alors l'objet d'une liste publiée et mise à jour sur un fichier national) ou font l'objet d'une convention entre l'ASSEDIC et l'organisme de formation ;
- les actions de formation dont la réalisation constitue un préalable à l'embauche.

Cette aide n'est mise en œuvre que si un employeur s'engage à embaucher sous contrat à durée déterminée d'au moins six mois, à l'issue de la formation, le demandeur d'emploi ayant atteint le niveau requis. Pendant la durée de la formation, l'ASSEDIC continue à indemniser le stagiaire demandeur d'emploi et peut participer, sous certaines conditions, à la prise en charge d'une partie des frais de transport et d'hébergement.

➤ Prise en charge

Quel que soit le type de formation (sélectionnée par l'ASSEDIC ou une action de formation préalable à l'embauche), l'ASSEDIC peut accorder une aide pour participer aux frais de déplacement ou d'hébergement restant à la charge du stagiaire.

En matière de frais de transport, l'aide est déterminée selon un barème fixé en fonction de la distance domicile/lieu de stage, aller-retour :
- si cette distance ne dépasse pas 10 km, aucun défraiement n'est accordé ;
- de 10 à 100 km : 5 € par jour ;
- de 51 à 100 km : 7 € par jour ;
- au-delà de 150 km : 10 € par jour.

Un repas est pris en charge pour un montant forfaitaire de 5 € et la nuitée, dans la limite des frais engagés, à hauteur de 30 €. Au total, le remboursement ne peut excéder 665 € par mois civil. Toutefois, cette limite peut être portée exceptionnellement à 800 € par mois dans des cas dûment justifiés par l'allocataire et appréciés par les services de l'UNEDIC.

En pratique

Le crédit formation individualisé

Un droit à la qualification professionnelle est reconnu à tout demandeur d'emploi dépourvu d'une qualification professionnelle validée par un titre ou un diplôme équivalent au CAP ou BEP.

La mise en œuvre du crédit formation implique:
– un bilan permettant d'élaborer un parcours de formation;
– un parcours de formation individualisé se traduisant notamment par un suivi individuel;
– un dispositif de validation permettant de reconnaître des qualifications acquises dans le cadre du parcours de formation.

Les intéressés doivent s'adresser à l'ANPE en vue d'une orientation individuelle. Parmi les agents de l'ANPE, un correspondant est désigné pour chaque bénéficiaire. Il est responsable de l'élaboration et du suivi du parcours de formation. Dans ce cadre, le bénéficiaire peut suivre: des formations conduites par des établissements publics de formation et des organismes sous tutelle des différents départements ministériels (AFPA, GRETA...), des formations subventionnées ou conventionnées par l'État, des formations ouvertes aux bénéficiaires de l'allocation de formation reclassement, des formations ouvertes (stages ou contrats de travail) au titre d'un programme de formation à la réinsertion des demandeurs d'emploi de longue durée ou en difficulté, des actions de formation dans le cadre du contrat emploi solidarité, des formations financées par des collectivités territoriales.

Le bénéficiaire perçoit pendant la période de formation une allocation de chômage s'il peut y prétendre ou une rémunération de l'État mais sous certaines conditions.

Pour trouver le thème qui vous intéresse, consultez la table des matières en début de volume ou l'index alphabétique en fin de volume.

LA FORMATION FINANCÉE PAR L'ÉTAT OU LES RÉGIONS

Si vous n'avez jamais travaillé ou insuffisamment pour avoir droit aux allocations de chômage, vous pouvez participer à des stages agréés par l'État. Ces formations sont ouvertes principalement aux demandeurs d'emploi :
– qui ne reçoivent pas d'allocation de chômage ;
– qui sont handicapés, parents isolés, mère de famille ayant eu au moins trois enfants, aux femmes divorcées, veuves ou séparées depuis moins de trois ans et qui ont besoin d'une qualification.

Pour obtenir la rémunération de l'État, le stage doit avoir une durée d'au moins quarante heures, d'au plus trois ans et être agréé par l'État ou la région. Renseignez-vous auprès des organismes de formations pour connaître la liste des stages agréés.
L'aide financière accordée par l'État varie en fonction de l'âge et de la situation familiale. Elle est de 652,02 € par mois pour :

- les salariés privés d'emploi ayant travaillé au moins six mois consécutifs au cours des douze derniers mois (ou douze mois au cours des vingt-quatre derniers mois) ;
- les mères de familles ayant trois enfants au moins ;
- les femmes veuves, divorcées, séparées judiciairement depuis moins de trois ans.

DES ALLOCATIONS DE DERNIERS RECOURS

Si vous ne pouvez prétendre à aucun dispositif spécifique, il vous reste comme piste l'allocation d'insertion réservée aux personnes à la recherche d'un emploi, et le revenu minimal d'insertion pour les plus de 25 ans qui allie la garantie d'un revenu minimum et une action d'insertion.
Par ailleurs, lorsque vous avez épuisé vos droits à l'assurance chômage, l'allocation de solidarité ainsi que l'allocation équivalent-retraite peuvent prendre le relai durant un temps encore (voir la partie En attendant la retraite*).*

Pour trouver le thème qui vous intéresse, consultez la table des matières en début de volume ou l'index alphabétique en fin de volume.

L'ALLOCATION D'INSERTION

L'allocation d'insertion concerne les personnes qui entrent dans l'une des catégories suivantes :
- les détenus libérés : leur détention doit avoir duré au moins deux mois ; certains détenus libérés sont exclus du bénéfice de cette allocation en raison de la nature de l'infraction commise (trafic de stupéfiants, enlèvement de mineur, détournement d'aéronef, proxénétisme...) ; leur inscription comme demandeur d'emploi doit avoir lieu dans les douze mois qui suivent leur libération ;
- les personnes rapatriées si elles s'inscrivent comme demandeur d'emploi dans les douze mois qui suivent leur rapatriement ;
- les apatrides ou étrangers réfugiés titulaires de la carte de réfugié ou ayant sollicité l'asile en France sous certaines conditions ; leur inscription comme demandeur d'emploi doit avoir lieu dans les douze mois qui suivent la délivrance de la carte de réfugié ou de la demande d'asile (un récépissé de la demande d'asile est délivré par l'Office français pour la protection des réfugiés et des apatrides) ;
- les salariés victimes d'un accident du travail (et non d'un accident de trajet) ou d'une maladie professionnelle, si leur contrat de travail est suspendu après la déclaration de consolidation par la caisse d'assurance maladie et s'ils sont en attente de stage de réadaptation, de rééducation ou de formation professionnelle. L'inscription comme demandeur d'emploi doit intervenir dans les douze mois à compter de la déclaration de consolidation ;
- les salariés expatriés, lors de leur retour en France s'ils ne sont pas couverts par le régime d'assurance chômage des expatriés et s'ils justifient d'une durée de travail de 182 jours au cours des douze mois précédant la fin de leur contrat de travail. L'inscription comme demandeur d'emploi doit intervenir dans les douze mois qui suivent la fin du contrat de travail.

➤ Les conditions à remplir

Pour bénéficier de l'allocation d'insertion, vous devez :
- être inscrit sur une liste de demandeur d'emploi et vous trouver dans l'une des situations décrites ci-dessus ;
- être apte au travail et avoir moins de 60 ans ou ne pas avoir atteint l'âge auquel vous pouvez prétendre à une retraite à taux plein ;
- satisfaire à une condition de ressources : à la date d'ouverture de droit de l'allocation d'insertion et pour percevoir l'allocation à taux plein, vos ressources mensuelles ne doivent pas dépasser :
  - pour une personne seule : soixante fois le montant journalier de l'allocation d'insertion soit 581,40 € par mois en 2004 ;
  - pour un couple : cent cinquante fois ce même montant soit 1 453,50 € par mois en 2004.

Il convient de retenir pour l'application de ce plafond les revenus de la personne seule ou du couple entrant dans la base de calcul de l'impôt (les prestations familiales sont exclues). Les ressources sont appréciées de la même façon que pour l'attribution de l'allocation de solidarité. Lorsque les ressources excèdent le plafond, l'allocation est réduite.

➤ Le montant de l'allocation

Il est fixé à 9,69 € par jour depuis le 1er janvier 2004. L'allocation est versée au maximum pendant 365 jours.

Montant de l'allocation d'insertion		
Composition de la famille	Ressources mensuelles	Allocation mensuelle (30 jours)
Couple	inférieures à 1 453,50 €	290 €
	comprises entre 1 453,50 € et 1 744,20 €	1 744,20 € – ressources
	supérieures à 1 744,20 €	0 €
Personne seule	inférieures à 581,40 €	290,70 €
	comprises entre 581,40 € et 872,10 €	872,10 € – ressources
	supérieures à 872,10 €	0 €

À noter

La demande est à déposer à l'ASSEDIC.

➤ Durée de versement

L'allocation d'insertion est attribuée pour une durée d'un an par période de six mois et après examen de la situation de l'intéressé.

LE REVENU MINIMUM D'INSERTION (RMI)

Ce revenu minimal est garanti aux plus de 25 ans qui s'engagent à participer à des actions sociales d'insertion. Il complète vos ressources afin que vous disposiez du montant minimum garanti pour vivre. L'allocation versée est donc obtenue en retirant de vos ressources le montant du RMI lequel varie en fonction de la situation de famille. Le RMI pourra, si vous êtes âgé de moins de 60 ans et justifiez de cent soixante trimestres validés d'assurance vieillesse, être remplacé par la nouvelle allocation équivalent retraite.

Le montant

Le bénéficiaire perçoit une allocation égale à la différence entre le RMI et ses ressources. Le montant du RMI varie en fonction de la composition de la famille.

Montant mensuel du revenu minimum d'insertion en 2004					
Situation du bénéficiaire	Nombre de personnes à charge de moins de 25 ans				
	Aucune	1	2	3	Par pers. sup.
Pers. seule	417,88 €	626,82 €	752,18 €	919,33 €	167,15 €
Couple	626,82 €	752,18 €	877,54 €	1 044,69 €	167,15 €

L'appréciation de la condition de ressources

Pour déterminer le montant du RMI applicable à la famille, deux éléments vont être pris en compte : les ressources du demandeur, de son conjoint ou de son concubin signataire ou non d'un PACS et la composition de sa famille et notamment le conjoint ou concubin pacsé sans ressources et les enfants de moins de vingt-cinq ans non chargés de famille. Ces derniers doivent être à la charge continue et réelle du bénéficiaire, peu importe le lien de filiation. Il faut noter, cependant, que lorsque l'enfant est arrivé dans le foyer du bénéficiaire après son 17ᵉ anniversaire, il devra avoir un lien de parenté avec ce dernier pour donner droit à une majoration du RMI. Le lien de parenté ne doit pas remonter, en outre, au-delà du 4ᵉ degré : il peut s'agir au maximum du cousin germain du bénéficiaire, ou de celui de son conjoint ou de son concubin.

Les ressources retenues

La totalité des ressources est prise en compte dans la détermination du montant de l'allocation attribuée, y compris les revenus procurés par les biens mobiliers et immobiliers et les capitaux. Il existe cependant un grand nombre d'atténuations à ce principe.

Pour le calcul du RMI, les ressources prises en compte sont celles qui ont été perçues au cours des trois mois précédant la demande. Toutefois, on ne retient pas certains revenus qui, perçus au cours des trois mois précédents, ne le sont plus au moment de la demande si aucun revenu de substitution n'est versé. Il s'agit :

- des allocations d'insertion (du régime de solidarité) ;
- des allocations de chômage ;
- de l'allocation équivalent retraite ;
- des allocations de veuvage ;
- des rémunérations servies dans le cadre des contrats emploi-solidarité et des programmes d'insertion en faveur des femmes ;

- des rémunérations servies par l'assurance chômage aux chômeurs en formation ;
- des rémunérations servies aux personnes suivant les stages de formation agréés.

➤ Évaluation forfaitaire de certaines ressources

Il s'agit notamment des avantages en nature dont bénéficie le demandeur. Si ce dernier est propriétaire de son habitation, dispose d'un logement à titre gratuit, est hébergé ou encore reçoit une aide personnelle au logement (allocation de logement familiale ou sociale, aide personnalisée au logement), l'avantage procuré est évalué à 12 % du RMI de base, si le bénéficiaire n'a ni conjoint ni concubin, ni personne à charge ; 16 % du RMI fixé pour deux personnes si le foyer est composé de deux personnes ; 16,5 % du RMI fixé pour trois personnes si le foyer est composé de trois personnes ou plus.
Si les biens et capitaux ne sont pas exploités ou placés, ils sont censés rapporter annuellement à leur propriétaire 50 % de leur valeur locative pour des immeubles bâtis, 80 % pour des terrains non bâtis et 3 % du total des capitaux.

➤ Ressources totalement exclues

Pour le calcul des ressources, ne sont pas pris en compte :
- l'allocation d'éducation spéciale,
- l'allocation de rentrée scolaire,
- les primes de déménagement,
- la majoration pour tierce personne ainsi que l'allocation compensatrice, lorsqu'elles sont destinées à rémunérer une tierce personne ne faisant pas partie du foyer du bénéficiaire,
- les prestations en nature de l'assurance maladie, maternité, invalidité ou accident du travail,
- l'allocation de remplacement pour maternité versée aux exploitantes agricoles ou aux travailleuses indépendantes,
- les frais funéraires payés par les caisses d'assurance maladie en cas d'accident du travail mortel,
- l'indemnité en capital attribuée à la victime d'un accident du travail,
- la prime de rééducation et prêt d'honneur,
- l'aide à la famille pour l'emploi d'une assistante maternelle agréée et l'AGED (allocation de garde d'enfant à domicile),
- les aides et secours ponctuels,
- les bourses d'études des enfants à charge,
- le capital-décès servi par un régime de Sécurité sociale,
- l'allocation du fonds de solidarité en faveur des anciens combattants de l'Afrique du Nord,

- l'allocation pour jeune enfant due pendant la période de grossesse et jusqu'au mois de naissance inclus,
- les majorations pour âge dues au titre des allocations familiales.

➤ Ressources partiellement exclues

Sont partiellement exclues les rémunérations liées à une activité. Ainsi, lorsqu'en cours de versement de l'allocation, vous, votre conjoint ou concubin signataire ou non d'un PACS ou l'une des personnes que vous avez à votre charge commence à exercer une activité salariée ou non-salariée ou à suivre une formation rémunérée, les revenus procurés sont intégralement cumulables avec l'allocation jusqu'à la première révision trimestrielle qui suit le début d'activité. Lors de la première révision trimestrielle, un abattement de 100 % est appliqué sur la moyenne mensuelle des revenus du trimestre précédent. Enfin un abattement de 50 % est opéré pour la liquidation de l'allocation des trois trimestres suivants (cumul à 50 %).
Toutefois, lorsqu'au terme de cette période, le total des heures travaillées à compter du début d'activité n'atteint pas 750 heures, le préfet peut décider le maintien de l'abattement en votre faveur si votre parcours d'insertion le nécessite.
Si l'activité est exercée dans le cadre d'un contrat emploi-solidarité, les rémunérations procurées sont affectées d'un abattement égal à 33 % du montant du RMI fixé pour un allocataire. Cet abattement s'applique à compter de la première révision trimestrielle suivant la prise d'effet du contrat et continue de s'appliquer jusqu'au dernier jour du trimestre suivant celui au cours duquel survient la fin du contrat.

Attention

Les sommes attribuées dans le cadre du RMI sont récupérables sur la succession du bénéficiaire. Le RMI est exonéré d'impôt sur le revenu et il n'est soumis ni à la CSG ni à la CRDS.

➤ L'action d'insertion obligatoire

En contrepartie de l'allocation, le bénéficiaire s'engage à participer à des actions en vue de son insertion sociale ou professionnelle, volet dont l'échec a été pointé par la Cour des comptes. Aussi le RMI a-t-il été réformé par la loi n° 2003-1200 du 18 décembre 2003. Il se retrouve ainsi à la charge du département, son montant et ses conditions générales d'attribution restant fixés à l'échelon national.
Dans les trois mois qui suivent l'attribution du RMI, le bénéficiaire et les personnes prises en compte pour la détermination du montant de cette allocation doivent conclure un contrat d'insertion avec le président du conseil général. Celui-ci désigne une personne chargée d'élaborer le contrat d'insertion avec l'allocataire et de coordonner la mise en œuvre de ses différents aspects économiques, sociaux, éducatifs et sanitaires. Le contrat dont

le contenu est débattu entre la personne chargée de son élaboration et le bénéficiaire du RMI, est librement conclu par les parties et repose sur des engagements réciproques de leur part. Il est établi en tenant compte de la situation professionnelle, sociale, financière et de santé du bénéficiaire du RMI et de ses conditions de logement.

Il doit comporter une ou plusieurs des actions concrètes suivantes :

- des prestations d'accompagnement social ;
- une orientation, précédée si nécessaire, d'un bilan d'évaluation des capacités de l'intéressé par l'ANPE ;
- des activités ou des stages pour acquérir ou améliorer les compétences professionnelles ou encore favoriser l'insertion professionnelle ;
- un emploi aidé, notamment un contrat insertion-revenu minimum d'activité (CI-RMA), ou une mesure d'insertion par l'activité économique ;
- une assistance à la réalisation d'un projet de création ou de reprise d'une activité non salariée.

Le contrat d'insertion peut comporter en fonction des besoins du bénéficiaire :

- des actions permettant l'accès à un logement, au relogement ou l'amélioration de l'habitat ;
- des actions visant à faciliter l'accès aux soins, les soins de santé envisagés ne pouvant pas, en tant que tels, être l'objet du contrat d'insertion.

Il fait l'objet d'une évaluation régulière donnant lieu éventuellement aux réajustements nécessaires.

➤ La demande

La demande doit être adressée auprès des centres communaux d'action sociale, du service départemental d'action sociale ou d'une association à but non lucratif agréée à cet effet. Ces services aident les demandeurs à remplir leur dossier et à rassembler les pièces justificatives.

Pour trouver le thème qui vous intéresse, consultez la table des matières en début de volume ou l'index alphabétique en fin de volume.

LE CONTRAT INSERTION-REVENU MINIMUM D'ACTIVITÉ (CI-RMA)

Le contrat insertion-revenu minimum d'activité (CI-RMA) créé par la loi du 18 décembre 2003 a pour but de favoriser l'insertion sociale et professionnelle des titulaires du RMI rencontrant des difficultés particulières d'accès à l'emploi. Il s'agit d'un contrat de travail à temps partiel d'une durée maximum de 18 mois au maximum, rémunéré au SMIC. Il s'accompagne d'actions de formation et d'un suivi individualisé. L'employeur bénéficie d'une aide financière du département.

➤ Qui peut en bénéficier ?

Le CI-RMA est ouvert aux bénéficiaires du RMI (et aux personnes de son foyer prises en compte pour la détermination du montant de l'allocation) :
- qui ont perçu cette allocation pendant au moins 12 mois au cours des 24 mois précédant la conclusion de la convention par le département et l'employeur ;
- ou qui ont perçu l'allocation de solidarité avant le RMI dans les mêmes conditions de durée que le RMI.

La durée minimum d'indemnisation à l'ASS ou au RMI n'est pas, à titre exceptionnel, exigée lorsque l'intéressé rencontre de graves difficultés d'emploi.

➤ Quels sont les employeurs concernés ?

Ces contrats peuvent être conclus par des entreprises privées ou le secteur public et particulièrement par :
- les collectivités territoriales et leurs établissements publics administratifs ;
- les organismes de droit privé à but non lucratif (du type associations) ;
- les professions libérales...

En revanche, sont exclus du dispositif :
- les particuliers employeurs ;
- les services de l'État et du département.

L'entreprise ne peut, par ailleurs, conclure un tel contrat que si :
- elle n'a pas licencié de salariés pour motif économique dans les 6 mois précédant la date d'effet du contrat ni un salarié en contrat à durée indéterminée pour procéder à une embauche en CI-RMA ;
- elle est à jour du versement de ses cotisations et contributions sociales ;
- elle signe une convention avec le département.

➤ Les caractéristiques du contrat de travail

Il s'agit toujours d'un contrat de travail à temps partiel (20 heures de travail par semaine au minimum) qui peut être conclu à durée déterminée

(CDD) ou un contrat de travail temporaire. Il doit obligatoirement faire l'objet d'un écrit et comporte une période d'essai d'un mois (la convention peut prévoir une durée plus courte).
Sa durée totale ne peut excéder dix-huit mois (renouvellement compris). Sa durée initiale est de six mois. La durée minimale de travail est de vingt heures par semaine.

➤ La rémunération

Elle est au moins égale à la valeur du SMIC horaire (7,61 € au 1.7.2004), multipliée par le nombre d'heures de travail effectuées. En réalité le revenu minimum d'activité (RMA) se décompose en deux parties :
- une somme forfaitaire correspondant au montant du RMI pour une personne seule, après abattement du forfait logement (versée à l'employeur) ;
- et un complément pour atteindre au moins le SMIC à la charge de l'employeur. C'est sur ce seul complément que sont prélevées les cotisations et contributions sociales, salariales et patronales.

L'intégralité du RMA est versée au salarié par l'employeur.

À noter

Le RMA n'est pas imposable.

L'INDEMNISATION DES CHÔMEURS DE PLUS DE 50 ANS

Dernière heure

LE PLAN DE COHÉSION SOCIALE

Jean-Louis Boorlo a présenté en conseil des Ministres, mercredi 30 juin 2004, son plan de cohésion sociale qui s'articule autour de trois axes : l'emploi, l'accès au logement et l'égalité des chances. Ainsi pour lutter contre le chômage, plusieurs programmes seraient mis en chantier parmi lesquels on peut citer :

- La création des maisons de l'emploi : associant tous les partenaires de la politique de l'emploi (ANPE, ASSEDIC, AFPA, APEC, collectivités territoriales...).

Les maisons de l'emploi auraient pour mission de recenser les ressources humaines et de prévoir les besoins locaux en terme d'emplois, d'offrir des services d'aide à la création de son propre emploi pour les chômeurs, de traiter le cas particulier des chômeurs en difficulté... ;

- La création d'un dossier unique du demandeur d'emploi : accessible en tout point des réseaux, il faciliterait les démarches ;
- La réforme du service public de l'emploi : suppression du monopole de placement de l'ANPE, ouverture des opérations de placement à des opérateurs privés ;
- La redéfinition équilibrée des droits et des devoirs du demandeur d'emploi : mise en place d'un système d'accompagnement efficace en contrepartie de quoi le chômeur sera tenu à une recherche assidue d'un travail et à une participation active au programme de formation ; faute de quoi des sanctions graduées pourront être prononcées contre les chômeurs ;
- L'accompagnement de 800 000 jeunes en difficulté vers un emploi durable : développement de l'apprentissage et des contrats de professionnalisation, des formations en alternance dans le secteur public, mise en place d'un droit à la formation ;
- Le retour à l'emploi des chômeurs de longue durée : simplification des contrats aidés et assouplissement de la législation sur le contrat à durée déterminée et l'intérim ;
- La création d'un nouveau contrat aidé appelé le contrat d'activité : il sera ouvert à toutes les personnes titulaires du RMI ou de l'ASS depuis plus de 6 mois. Il représenterait entre 26 et 35 heures de travail hebdomadaire réparties entre-temps de travail et de formation et rémunérées au SMIC.

DES DROITS SUPPLÉMENTAIRES

La France compte depuis le milieu des années 1990 quatre fois moins d'actifs de plus de 60 ans que pendant les années 1970. Certes, dans tous les pays industrialisés, il est de plus en plus rare de travailler après 65 ans. Mais la France se distingue par le fait que beaucoup de salariés quittent le marché du travail avant 60 ans. Entre 55 et 59 ans, la proportion d'hommes actifs est passée de 83 % à 68 % en 30 ans. L'INSEE chiffre entre 450 000 et 500 000 le nombre de salariés de plus de 55 ans qui ont bénéficié, durant les années 90, de préretraite ou de dispense de recherche d'un nouvel emploi. La réforme des retraites va modifier cette donnée.

Pour trouver le thème qui vous intéresse, consultez la table des matières en début de volume ou l'index alphabétique en fin de volume.

LES MESURES DE PROTECTION DE L'EMPLOI DES PLUS DE 50 ANS

Un ensemble de mesures incite les entreprises à garder leurs quadragénaires.

L'ÂGE NE PEUT CONSTITUER UN MOTIF DE LICENCIEMENT

L'employeur ne peut fonder un licenciement sur le seul motif de l'âge lequel ne constitue pas un motif réel et sérieux de rupture de contrat. Ce principe, la Cour de cassation l'a affirmé à plusieurs reprises. L'âge peut, cependant, être invoqué s'il est l'un des éléments justifiant une insuffisance professionnelle (C. cass., soc., 25.3.1992, n° 90-45.494, bull. civ. n° 213 ; C. cass., soc., 6.12.1995, n° 92-40.389, bull. civ. n° 331).

Par ailleurs, l'article L. 122-14-12, alinéa 2 du Code du travail précise que : « *sont nulles et de nul effet toute disposition d'une convention ou d'un accord collectif de travail et toute clause d'un contrat de travail prévoyant une rupture de plein droit du contrat de travail d'un salarié en raison de son âge ou du fait qu'il serait en droit de bénéficier d'une pension de vieillesse* ».

En pratique

La mise à la retraite

Jusqu'ici l'employeur pouvait vous imposer une mise à la retraite si à la fois vous pouviez bénéficier de votre retraite de Sécurité sociale à taux plein (50 %) et si vous aviez au moins 60 ans (ou l'âge minimum prévu par la convention collective ou le contrat de travail pour partir à la retraite décidée par le salarié : 65 ans par exemple). La loi portant sur la réforme des retraites repousse à 65 ans l'âge auquel l'employeur peut prononcer une mise à la retraite. Par dérogation, un accord collectif conclu avant le 1er janvier 2008 peut prévoir des mises à la retraite avant 65 ans avec des contreparties en terme d'emploi et de formation professionnelle. C'est ainsi que fleurissent aujourd'hui beaucoup d'avenants à des conventions collectives mettant en place des dispositifs dérogatoires. Certains accords (notamment dans la métallurgie) prévoient des mises à la retraite avant 60 ans dans le cadre des départs anticipés pour carrière longue (voir page 137).
Par ailleurs, des mesures sont à l'étude pour favoriser l'emploi ou le maintien en poste des salariés âgés (voir page 150).

DES RÈGLES SPÉCIFIQUES EN CAS DE LICENCIEMENT POUR MOTIF ÉCONOMIQUE

La loi de modernisation sociale du 17 janvier 2002 (*JO* du 18.1.2002) pose l'obligation de reclassement des salariés victimes d'un licenciement pour motif économique. Aussi aucun de ces licenciements ne peut-il inter-

venir sans que l'employeur ait déployé les efforts de formation, d'adaptation nécessaires pour permettre au salarié de garder son poste.
L'ensemble des possibilités de reclassement à l'intérieur de l'entreprise, du groupe, doit par ailleurs être exploré.

➤ Ordre des licenciements

Conformément à l'article L. 321-1-1 du Code du travail, à défaut de convention ou d'accord collectif, l'employeur fixe l'ordre des licenciements selon des critères tenant compte des charges de famille (parent isolé), de l'ancienneté de service, des caractéristiques sociales rendant la réinsertion du salarié difficile (personne handicapée, salarié âgé). En revanche, il ne peut établir une priorité de licenciement en raison des avantages vieillesse dont bénéficient certains salariés. Il peut néanmoins en tenir compte parmi d'autres critères. Ainsi pour fixer l'ordre des licenciements, l'employeur doit tenir compte de l'ensemble des critères légaux et ne pas en privilégier un.

➤ L'établissement d'un plan de sauvegarde de l'emploi

Le plan de sauvegarde de l'emploi a pour but d'éviter les licenciements. Il doit comporter des actions de reclassement interne et externe à l'entreprise, de soutien à la création d'activité, de formation, des mesures de réduction du temps de travail.

➤ La contribution Delalande pénalise les licenciements des salariés âgés

Toute rupture du contrat de travail d'un salarié âgé de 50 ans oblige l'employeur à verser à l'ASSEDIC une contribution dès lors que le salarié peut prétendre aux allocations de chômage (Directive UNEDIC n°24-02 du 24.5.2002). Toutefois, pour les embauches réalisées après le 27 mai 2003, l'employeur est exonéré du versement de la contribution en cas de rupture d'un contrat de travail d'un salarié qui était âgé de plus de 45 ans au moment de son entrée dans l'entreprise.

➤ Son montant

Le montant de la contribution est modulé en fonction de la taille de l'entreprise et de l'âge de l'allocataire à la fin de son contrat de travail.

Pour trouver le thème qui vous intéresse, consultez la table des matières en début de volume ou l'index alphabétique en fin de volume.

Âge du salarié	Montant de la contribution en mois de salaire brut (1)	
	Entreprise de moins de 50 salariés	Entreprise de plus de 50 salariés
50 ans	1 mois	2 mois
51 ans	1 mois	3 mois
52 ans	2 mois	5 mois
53 ans	2 mois	6 mois
54 ans	4 mois	8 mois
55 ans	5 mois	10 mois
56 ans	6 mois	12 mois
57 ans	6 mois	12 mois
58 ans	6 mois	10 mois
59 ans et plus	6 mois	8 mois

(1) Art. D. 321-8 du Code du travail.

➤ Des cas d'exonération

La contribution n'est pas due dans les cas suivants :
- cessation d'activité de l'employeur pour raison de santé ou de retraite (fermeture définitive de l'entreprise) ;
- licenciement de fin de chantier ;
- faute grave ou lourde du salarié ;
- démission ayant pour cause le déplacement de la résidence du conjoint pour changement d'emploi de ce dernier ou de départ en retraite du conjoint ;
- rupture du contrat pour force majeure ;
- refus du salarié d'une modification de son contrat de travail consécutive à la réduction de la durée du travail ;
- rupture du contrat de travail d'un salarié qui était lors de son embauche (intervenue entre le 9 juin 1992 et le 27 mai 2003) âgé de plus de 50 ans et inscrit depuis plus de trois mois comme demandeur d'emploi ;
- première rupture du contrat de travail intervenue au cours d'une même période de douze mois dans une entreprise employant habituellement moins de vingt salariés ;
- licenciement pour inaptitude lorsque l'employeur justifie, par écrit, de l'impossibilité où il se trouve de donner suite aux propositions de reclassement du médecin du travail ou lorsque l'inaptitude à tout poste dans l'entreprise a été constatée par le médecin du travail (art. L. 321-13, C. trav.) ;
- en cas de versement d'une allocation spéciale du Fonds national de l'emploi.

L'ÂGE VOUS DONNE DROIT À PLUS

En matière de chômage, il existe à partir de 50 ans, plusieurs dates anniversaire clés à partir desquelles des durées d'indemnisation s'allongent ; la recherche d'emploi n'est plus obligatoire, les règles de cumul de salaire et d'allocation sont plus favorables en cas de reprise d'activité. Les nouvelles dispositions applicables depuis le 1er janvier 2003 ont cependant donné un sérieux tour de vis aux droits des plus de 50 ans. Si vous perdez votre emploi avant 57 ans, la durée d'indemnisation la plus longue ne vous permet plus d'atteindre votre soixantième anniversaire et de faire la soudure avec la retraite.

UN DROIT À INDEMNISATION PLUS LONG

La durée de versement de l'allocation d'assurance chômage varie en fonction de la durée d'affiliation (voir les parties *L'indemnisation des chômeurs de moins de 50 ans* et *Combien percevrez-vous ?*) et de l'âge atteint au moment de la rupture du contrat. Ainsi par exemple, si vous avez travaillé au moins vingt-sept mois au cours des trente-six mois précédant votre inscription comme demandeur d'emploi, pour une rupture de contrat de travail postérieure au 31 décembre 2002, vous pourrez être indemnisé au maximum pendant trente-six mois ; si vous avez au moins 57 ans et justifiez d'au moins 100 trimestres d'assurance vieillesse tous régimes confondus, la durée d'indemnisation pourra atteindre 42 mois. Mais, si vous fêtez votre cinquantième anniversaire en cours d'indemnisation, vous ne bénéficierez pas des conditions plus favorables réservées aux plus de 50 ans.

Attention

Continuent à bénéficier des anciennes dispositions plus favorables de la convention d'assurance chômage du 1er janvier 2001, première version :
– les demandeurs d'emploi dont la rupture du contrat est antérieure au 1er janvier 2003 ;
– les chômeurs âgés de 50 ans et plus, justifiant d'au moins 14 mois d'affiliation au cours des 24 derniers mois et dont la date d'engagement de la procédure de licenciement est antérieure au 1er janvier 2003 (on retient la date de l'entretien préalable ou la date de la première réunion des instances du personnel).

UNE DISPENSE DE RECHERCHE D'EMPLOI

Dans un certain nombre d'hypothèses vous pouvez échapper à la recherche d'emploi. Une fois dispensé de cette obligation, vous n'entrez plus dans les statistiques du chômage.
Cet avantage concerne :
- les chômeurs de 55 ans et plus non indemnisés ou bénéficiaires de l'allocation de solidarité spécifique ;

- les titulaires de l'allocation équivalent retraite ;
- les chômeurs de 55 ans et plus qui justifient d'au moins 160 trimestres validés dans les régimes obligatoires d'assurance vieillesse ou de périodes reconnues équivalentes ;
- les titulaires d'une allocation de chômage d'au moins 57 ans et 6 mois ; ils sont seulement tenus de remplir une déclaration annuelle de situation.

Dès que vous remplirez la condition d'âge, l'ASSEDIC vous fera parvenir un formulaire de dispense de recherche d'emploi que vous retournerez complété si vous êtes intéressé par le dispositif. Si vous ne recevez rien, signalez-vous à l'ASSEDIC.

Attention

Si vous retrouvez un emploi, vous devez en informer l'ASSEDIC dans les 72 heures.

À noter

Dans la dernière convention d'assurance chômage, indemnisation et retour à l'emploi sont liés : par l'intermédiaire du plan d'aide au retour à l'emploi. Sachez que les chômeurs dispensés de recherche d'emploi sont expressément exclus du PARE.

UNE REPRISE D'ACTIVITÉ FAVORISÉE

Comme nous l'avons vu dans la première partie, il est tout à fait possible de cumuler, sous certaines conditions, un salaire avec des allocations de chômage. Ce dispositif a été mis en place pour ne pas décourager les reprises d'activité même de courte durée ou à temps partiel.

Rappelons que le cumul n'est possible que :
- si vous ne travaillez pas plus de 136 heures par mois ;
- l'activité reprise ne doit pas vous procurer une rémunération supérieure à 70 % des rémunérations brutes mensuelles prises en compte pour le calcul de l'indemnisation ; la rémunération de l'activité occasionnelle ou réduite s'apprécie par mois civil ;
- la reprise d'activité ne doit pas, en principe, se faire chez votre ancien employeur.

Néanmoins, en reprenant une activité répondant à tous ces critères, vous ne pourrez pas prétendre à l'intégralité de vos allocations comme si vous aviez été la totalité du mois privé d'emploi. À partir de la rémunération de l'activité professionnelle reprise, l'ASSEDIC va établir un nombre de jours non indemnisables selon la formule suivante :

$$\frac{\text{salaire brut mensuel de l'activité reprise}}{\text{salaire journalier de référence.}}$$

Le nombre obtenu est multiplié par 0,8 lorsque l'allocataire a plus de 50 ans : le nombre de jours non indemnisables s'en trouve réduit.

Exemple

A., 55 ans, reçoit de l'ASSEDIC une allocation journalière de 43 €. On lui propose un travail à temps partiel qui lui assure 610 € brut par mois. Le nombre de jours non indemnisables dans le mois est de :
(610/43) x 0,8 = 11,35 jours arrondis à 11 jours.
Si A. avait eu moins de 50 ans, le nombre de jours non indemnisables aurait été de 14,19 arrondis à 14 jours.

VOUS ÉCHAPPEZ À LA RÈGLE RESTRICTIVE DU CHÔMAGE SAISONNIER

En cas de chômage saisonnier, le montant de votre allocation risque d'être singulièrement grignoté car un coefficient réducteur est appliqué sur la partie fixe de l'allocation et sur les montants minimaux (voir les parties *L'indemnisation des chômeurs de moins de 50 ans* et *Six conditions pour percevoir une allocation chômage*).

Rappelons que le chômage saisonnier répond à deux définitions : il peut résulter, soit d'une activité exercée au moins pendant deux ans au cours des trois années précédant la fin du contrat de travail et dans des secteurs particuliers (tourisme, activité agricole...) soit d'un rythme de travail. Or ce dernier type de chômage saisonnier n'est pas opposable aux plus de 50 ans à condition que l'intéressé puisse justifier de trois ans d'activité dans une ou plusieurs entreprises au cours des cinq années précédant la fin du contrat de travail.

EN ATTENDANT LA RETRAITE

Diverses allocations peuvent vous assurer un revenu en attendant l'heure de la retraite. En effet les dispositifs en faveur des chômeurs âgés de plus de 57 ans existent, mais concernent principalement ceux d'entre vous qui ont une carrière professionnelle longue. La situation est plus délicate si votre carrière n'est pas complète sauf si vous êtes proche de l'âge de la retraite. Il faut savoir néanmoins que des mesures existent pour protéger l'emploi des plus de 50 ans.

Pour trouver le thème qui vous intéresse, consultez la table des matières en début de volume ou l'index alphabétique en fin de volume.

LE MAINTIEN DES ALLOCATIONS À L'APPROCHE DE LA RETRAITE

Le versement de l'allocation de chômage est automatiquement interrompu dès que l'on atteint l'âge où l'on peut prétendre à une retraite à taux plein. Si à 60 ans (59 ans et 6 mois pour ceux dont la fin du contrat de travail est antérieure au 1er janvier 2003), vous êtes toujours indemnisé, l'allocation de chômage peut être maintenue jusqu'à ce que vous puissiez prétendre à une retraite à taux plein.

LES CONDITIONS À REMPLIR

Vous devez :

- justifier d'au moins douze années d'activité salariée dont une année continue ou deux années discontinues dans les cinq dernières années ; certaines périodes sont assimilables dans leur intégralité à du travail, d'autres périodes sont assimilables, mais uniquement dans la limite de cinq ans (voir ci-dessous) ;
- être indemnisé au moins depuis un an ;
- être âgé de 60 ans ;
- et justifier de 100 trimestres d'assurance vieillesse tous régimes confondus.

Pour les personnes qui ont démissionné ou qui ont renoncé à une préretraite du FNE (voir les parties *Les différentes formes de préretraite* et *Préretraite et licenciement*), la commission paritaire de l'ASSEDIC doit donner son accord.

Attention

Les salariés dont le contrat de travail a été rompu avant le 1er janvier 2003 bénéficient des dispositions antérieures plus favorables. Ainsi, le maintien de droit entre en application à partir de 59 ans et 6 mois. Par ailleurs, pour ceux dont la rupture du contrat de travail est antérieure au 1er juillet 2002, la condition des 100 trimestres d'assurance vieillesse n'est pas requise.

LES PÉRIODES ASSIMILÉES

Pour apprécier les douze années d'activité salariée nécessaires pour bénéficier du maintien de droit, certaines périodes, bien que n'ayant pas été soumises à cotisations, sont dites assimilées.

Il s'agit, pour leur durée réelle, des périodes :

- de travail pour le compte d'un employeur relevant du secteur public ;
- de travail dans les départements d'outre-mer avant le 1er septembre 1980 ;
- de travail salarié en Algérie avant le 3 juillet 1962, au Maroc ou en Tunisie avant le 31 décembre 1956 ;

- de travail à l'étranger, si vous étiez affilié au régime de Sécurité sociale des français de l'étranger ;
- de maladie si celle-ci est intervenue pendant un contrat de travail.

Sont également assimilées à des périodes d'affiliation :
- les périodes de formation rémunérées par l'État ou la région ;
- les majorations de la durée d'assurance vieillesse accordées aux mères de famille qui ont élevé des enfants (deux ans pour chaque enfant) ;
- la majoration de la durée d'assurance vieillesse pour congé parental d'éducation ;
- les périodes d'assurance obligatoire des mères de famille ou des femmes chargées de famille ;
- les périodes d'assurance volontaire contractées par les mères chargées de famille ou les personnes expatriées ;
- les périodes ayant fait l'objet de validation par le biais de rachat de cotisations notamment pour les années accomplies hors métropole par des salariés expatriés.

Toutefois, ces périodes ne seront prises en compte pour le calcul de ces douze années que dans la limite de cinq ans.

LES DÉMARCHES

Si vous remplissez les conditions pour conserver vos allocations jusqu'à la retraite, l'ASSEDIC vous notifie, en principe, spontanément, la décision vous informant de vos droits. Si vous ne recevez rien, manifestez-vous auprès de l'ASSEDIC.

Bon à savoir

L'allocation de chômeurs âgés (ACA) en voie d'extinction

Cette préretraite pour les chômeurs permettait à ceux d'entre eux qui justifiaient d'une longue carrière de ne pas avoir d'interruption de revenus entre la période de chômage et la retraite. Depuis le 1er janvier 2002, le dispositif n'accepte plus, en principe, de nouveaux bénéficiaires. Ceux qui à cette date percevaient l'ACA n'ont pas été exclus : ils ont perçu, et continuent de percevoir le cas échéant, cette allocation jusqu'à 60 ans.

Pour trouver le thème qui vous intéresse, consultez la table des matières en début de volume ou l'index alphabétique en fin de volume.

L'ALLOCATION DE SOLIDARITÉ SPÉCIFIQUE (ASS)

Lorsque vous avez épuisé vos droits à l'assurance chômage, l'allocation de solidarité peut prendre le relais durant encore un temps. Mais son attribution est soumise à condition de ressources. Comme les allocations de chômage, l'ASS devait faire l'objet d'une réforme qui a été ensuite partiellement suspendue. Ce n'est que partie remise !

LES CONDITIONS À REMPLIR

L'allocation de solidarité spécifique, financée par l'État, est attribuée notamment aux chômeurs de longue durée ayant été jusqu'au bout de leur droit à l'allocation de chômage et aux chômeurs de 50 ans et plus qui optent pour l'allocation de solidarité si celle-ci est plus avantageuse que l'allocation de chômage.
Pour pouvoir prétendre à l'allocation de solidarité vous devez remplir un ensemble de conditions.

➤ Durée du travail

Vous devez avoir travaillé pendant cinq ans au cours des dix années qui précèdent la fin de votre contrat de travail ayant ouvert droit à une indemnisation au titre de l'assurance chômage. Pour apprécier cette condition, sont prises en compte les périodes d'activité salariée en France et à l'étranger ainsi que les périodes de travail à temps partiel. Les périodes indemnisées par la Sécurité sociale, les périodes de formation professionnelle sont assimilées à de l'activité.

Attention

Les périodes de chômage indemnisé ne sont plus assimilées à de l'activité depuis le 1er janvier 1997. Par ailleurs, pour les personnes ayant interrompu leur activité salariée pour élever un enfant, cette durée est réduite, dans la limite de trois ans, d'un an par enfant à charge ou élevé pendant au moins neuf ans avant son seizième anniversaire (art. R. 351-13, 1°, C. trav.).

À noter

Si vous avez travaillé à temps partiel, sachez que toutes les périodes d'emploi effectuées en tant que salarié peuvent être prises en compte pour apprécier la condition de durée d'activité et cela quel que soit votre horaire habituel de travail.

➤ Être à la recherche d'un emploi

Vous devez être inscrit comme demandeur d'emploi et faire toutes les démarches pour retrouver un emploi ; sachez toutefois qu'une dispense peut vous être accordée si vous avez plus de 55 ans (voir les parties *L'indemnisation des chômeurs de moins de 50 ans* et *Six conditions pour percevoir une allocation chômage*).

➤ Être physiquement apte au travail

Les titulaires d'une pension d'invalidité de 2e et 3e catégorie ne peuvent se voir attribuer l'allocation de solidarité spécifique, de même que les titulaires de pension d'invalidité de 1re catégorie à compter de leur soixantième anniversaire.

➤ Ne pas avoir atteint l'âge pour obtenir la retraite à taux plein

➤ Disposer d'un revenu ne dépassant pas un certain montant

Pour percevoir l'intégralité de l'allocation, vos revenus mensuels ne doivent pas dépasser, en 2004, 40 fois le montant journalier de l'allocation de solidarité spécifique pour une personne seule soit 555,40 € et 80 fois la même somme pour un couple soit 1 100,80 €.
Si vos ressources dépassent ces montants vous pouvez bénéficier d'une allocation différentielle (voir page 105).
Toutes vos ressources seront prises en compte pour apprécier cette condition : les vôtres mais également celles de votre conjoint ou concubin telles que vous les avez déclarées à l'administration fiscale pour le calcul de l'impôt sur le revenu avant déduction des divers abattements. De ce montant, il faut déduire les pensions alimentaires et les prestations compensatoires versées. Le montant retenu est le douzième du total des ressources perçues pendant les 12 mois précédant celui au cours duquel le droit est ouvert.
En revanche, sont exclus notamment :
- l'allocation d'assurance chômage perçue par l'intéressé au moment où il présente sa demande ;
- la majoration de l'allocation de solidarité ;
- les prestations familiales ;
- les allocations de solidarité précédemment perçues par le conjoint ou concubin s'il a épuisé ses droits ;
- les rémunérations de stage si le stage est terminé, les revenus d'activité si celle-ci est interrompue de manière certaine et en l'absence de revenus de substitution tels qu'une allocation de chômage, de préretraite ou une pension de vieillesse (si le bénéficiaire perçoit un revenu de substitution, les revenus d'activité précédemment perçus sont pris en compte après application d'un abattement de 30 %).

Attention

Le plafond de ressources plus favorable appliqué aux bénéficiaires vivant en couple et entrés dans le dispositif de l'ASS avant 1997 a disparu depuis le 1er janvier 2004. Certains d'entre eux ont donc, lors de l'examen périodique de leurs droits, à compter de cette date été privés d'allocations ou vu le montant de celles-ci diminuer.

LE MONTANT

Le montant journalier de l'allocation spécifique de solidarité est, au 1er janvier 2004, de 13,76 € soit 412,80 € pour un mois de trente jours. Vous percevrez ce montant maximum si vos ressources mensuelles ne dépassent pas :
- 555,40 € pour une personne seule ;
- 1 100,80 € pour un couple.

Si vous vivez seul et que vos revenus sont compris entre 550,40 € et un plafond fixé à 963,20 € vous aurez droit à une allocation différentielle dont le montant est égal à la différence entre vos ressources et ce montant plafond.
Si vous vivez en couple et que vos revenus sont compris entre 1 100,80 € et 1 513,60 €, vous aurez également droit à une allocation différentielle dont le montant est égal à la différence entre vos ressources et ce montant plafond.
Une majoration, de 6 € par jour en 2004, est accordée aux titulaires de l'ASS qui se trouvent dans l'une des situations suivantes :
- âgés d'au moins 55 ans, ils justifient de 20 ans d'activité salariée ;
- âgés d'au moins 57 ans et demi, ils justifient de 10 ans d'activité salariée ;
- ayant validé 160 trimestres tous régimes confondus.

Mais attention cette majoration n'est maintenue qu'à l'égard de ceux qui en bénéficiaient avant le 1er janvier 2004. En entrant dans ce système de solidarité depuis le 1er janvier 2004, vous ne pouvez pas profiter de la majoration.

La durée d'activité salariée est majorée :
- pour les mères de famille : de deux ans par enfant élevé pendant au moins neuf ans avant son seizième anniversaire dans la limite de douze ans ;
- de la durée effective du congé parental du père ou de la mère.

Exemples

- *T., 54 ans, vit avec son conjoint ; le ménage dispose d'un revenu de 1 300 €. Il aura droit à une allocation différentielle journalière de :*

$$\frac{(1\,513{,}60\,€ - 1300\,€)}{30} = 7{,}12\,€.$$

- *T. est cette fois âgé de 58 ans. Il a travaillé sans discontinuité de 21 à 49 ans. En juillet 2003, il a commencé à percevoir l'ASS majorée. Depuis le 1er janvier 2004, le montant de son allocation est de : 7,12 € majoré de 6 € soit au total 13,12 €.*

LA DURÉE DE VERSEMENT

L'enjeu de la réforme de l'ASS, qui a été ajournée, était de limiter la durée de versement de l'allocation dans le temps. Tirant leçon de l'affaire des recalculés (voir page 34), lorsque l'application du décret a été suspendue, l'Unedic a précisé que les personnes qui bénéficiaient de l'allocation de solidarité spécifique avant le 1er janvier 2004 continueraient à la percevoir sans limitation de durée. En revanche, les nouveaux admis depuis le 1er janvier 2004 ont et auront leur droit notifié pour une durée de 6 mois renouvelables... en attendant la réforme !

L'allocation de solidarité spécifique est attribuée quoi qu'il en soit par périodes de six mois renouvelables. Au bout de chacune de ces périodes, l'ASSEDIC vérifie si vous remplissez toujours les conditions nécessaires pour en bénéficier. Des justificatifs seront systématiquement demandés : avis d'imposition, bulletin de salaire...

L'allocation est cependant attribuée pour une durée indéterminée aux bénéficiaires d'une dispense de recherche d'emploi sous réserve qu'ils continuent à satisfaire aux autres conditions.

Elle cesse de vous être versée si vos ressources dépassent le plafond, si vous atteignez l'âge auquel vous pouvez prétendre à la retraite à taux plein ou si vous n'êtes plus considéré comme étant à la recherche d'un emploi par la direction départementale du Travail. Elle peut être remplacée par l'allocation équivalent retraite (voir page 109).

LES DÉMARCHES

L'ASSEDIC adresse à l'intéressé un mois avant l'expiration de ses droits aux allocations d'assurance chômage, un dossier de demande d'allocation de solidarité spécifique. Cette demande doit être renvoyée dans les meilleurs délais (avant la cessation de l'indemnisation) accompagnée des pièces justificatives (certificat de travail...).

EN CAS DE REPRISE D'ACTIVITÉ

Si vous reprenez une activité professionnelle, vous pouvez cumuler totalement ou partiellement un salaire avec l'allocation de solidarité sans limitation de durée alors que pour les moins de 50 ans le cumul n'est possible que dans la limite de 12 mois.

La possibilité de cumul dépend du montant des salaires bruts perçus et de la durée de la reprise du travail.

- Durant les six premiers mois de reprise :

Si le salaire brut est inférieur ou égal à la moitié du SMIC (soit 643,04 € au 1.7.2004), vous pouvez cumuler en totalité les allocations et les revenus d'activité.

Si en revanche le salaire brut est supérieur à la moitié du SMIC, une somme représentant 40 % de la partie du revenu brut d'activité supérieure à 643,04 € est déduite du montant des allocations.

Exemple

Avant de reprendre un emploi, M. X percevait chaque mois 400 €. Sa nouvelle activité lui procure un salaire brut mensuel de 380 € qu'il peut cumuler intégralement avec l'allocation de solidarité spécifique. Si en revanche, sa nouvelle activité lui procure un revenu de 800 € (soit 156,96 € de plus qu'un demi SMIC), en plus de son salaire M. X recevra une allocation de solidarité de : 400 € – (40 % de 156,96 €) = 337,22 €.

– Durant les six mois suivants :
Une somme représentant 40 % du revenu brut total d'activité est déduite du montant des allocations.

Exemple

Reprenons l'exemple de M. X, mais 6 mois après le début de son activité avec un salaire de 800 €. L'allocation de solidarité spécifique sera alors égale à : 400 € – (40 % de 800 €) = 80 €.

En pratique

L'allocation spécifique d'attente (ASA)

Ce dispositif instauré par la loi du 17 avril 1998 qui n'était autre qu'un système de préretraite pour les chômeurs arrivés en fin de droit et titulaires de l'allocation de solidarité spécifique disparaît. Il est remplacé par l'allocation équivalent retraite. Les bénéficiaires de l'ASA ont basculé dans le nouveau dispositif.

L'ALLOCATION ÉQUIVALENT RETRAITE

L'allocation équivalent retraite (AER) a pour but de garantir un revenu minimal aux demandeurs d'emploi de moins de 60 ans qui justifient d'au moins 160 trimestres d'assurance vieillesse. De deux choses l'une, soit elle prend la suite de l'allocation de solidarité spécifique (ASS), de l'allocation spécifique d'attente (ASA) ou du revenu minimum d'insertion et se nomme l'AER de remplacement, soit elle complète une allocation et on parle alors d'AER de complément.

PUBLIC VISÉ

L'AER de remplacement est destinée aux chômeurs qui ont épuisé leurs droits aux allocations d'assurance chômage ; aux titulaires de l'allocation de solidarité spécifique (ASS), de l'allocation spécifique d'attente (ASA)

ou du RMI. Peuvent également y prétendre les demandeurs d'emploi qui ne perçoivent d'allocation à aucun titre que ce soit mais qui ont perdu involontairement leur emploi.
En revanche, l'AER de complément est réservée aux bénéficiaires de l'aide au retour à l'emploi (ARE), de l'allocation unique dégressive (AUD) ou de l'allocation chômeurs âgés.

CONDITIONS À REMPLIR

Il faut non seulement avoir moins de 60 ans, justifier de 160 trimestres d'assurance tous régimes confondus et être inscrit comme demandeur d'emploi, mais en plus satisfaire à une condition de ressources laquelle varie en fonction de la nature de l'AER.

➤ L'AER de remplacement

À la date de la demande, les intéressés doivent justifier de ressources inférieures à un plafond correspondant à :
- pour une personne seule : 48 fois le montant journalier de l'AER soit 1 425,60 € par mois depuis le 1er janvier 2004 ;
- pour un couple : 69 fois le montant journalier de l'AER soit 2 049,30 € par mois depuis le 1er janvier 2004.

L'ASSEDIC prend en compte :
- 1/12e des ressources perçues par l'intéressé pendant les 12 mois précédant la demande ;
- 1/12e des ressources de son conjoint, concubin ou partenaire lié par un PACS ;

telles qu'elles sont déclarées au fisc pour le calcul sur l'impôt de revenu.
Si le conjoint a cessé de percevoir un revenu d'activité et que celui-ci est remplacé par un revenu de substitution (retraite, allocation de chômage, prestation de Sécurité sociale...) lors de la demande d'AER, un abattement de 30 % est appliqué sur le revenu professionnel disparu.
Ne sont pas prises en compte dans les ressources :
- les prestations familiales ;
- l'allocation logement ;
- les allocations d'assurance ou de solidarité, les rémunérations de stage.

➤ L'AER de complément

Le plafond de ressources applicable à une personne seule est de 903 € par mois et à 2 049,30 € pour un couple (mais les ressources propres du demandeur doivent être inférieures à 903 €).

MONTANT

Il est de 29,70 € par jour depuis le 1er janvier 2004. Son mode de calcul diffère selon qu'il s'agit de l'AER de complément ou de l'AER de remplacement.

➤ L'AER de remplacement

Elle est versée au taux plein lorsque le total des ressources plus le montant de l'AER est inférieur à 1 425,60 € par mois pour une personne seule et à 2 049,30 € pour un couple. Si le plafond est dépassé, le montant de l'AER est réduit du montant du dépassement. Cependant si les revenus propres du bénéficiaire de l'AER sont inférieurs à 903 € par mois au 1er janvier 2004, le montant de l'allocation est majoré à due concurrence. Ainsi le bénéficiaire a la certitude de percevoir un revenu minimum.

➤ L'AER de complément

Son montant mensuel est égal à la différence entre 903 € au 1er janvier 2004 et le montant mensuel des ressources de l'intéressé.

LA DURÉE DE VERSEMENT

L'AER est versée par périodes de 12 mois renouvelables si les conditions sont toujours remplies et au plus tard jusqu'à 60 ans. Puis la retraite à taux plein prend le relais.

LES DÉMARCHES

Un dossier doit être retiré auprès de l'ASSEDIC.

Bon à savoir

L'AER est soumise aux mêmes régimes fiscal et social que les salaires. Cependant du fait du seuil d'exonération (SMIC journalier) de la CSG et de la CRDS, elle échappe à ces deux ponctions.

En pratique

Protection sociale des bénéficiaires de l'ASS

Vous gardez le droit au remboursement de vos frais de soins pour vous et votre famille. Les périodes de versement de l'allocation de solidarité spécifique vous donnent droit à la validation de trimestres d'assurance vieillesse. De même, les périodes indemnisées en ASS vous donnent droit à des points de retraite complémentaires (ARRCO et AGIRC).

L'allocation complémentaire

Les allocations de chômage ou du régime de solidarité cessent d'être versées lorsque l'allocataire âgé de plus de 60 ans totalise le nombre de trimestres de cotisations en assurance vieillesse pour bénéficier d'une retraite

▶

En pratique

à taux plein. L'intéressé peut totaliser sa durée d'assurance dans plusieurs régimes de Sécurité sociale, tous ne lui permettant pas de faire liquider la pension à taux plein à 60 ans. Ainsi, l'allocation complémentaire est là pour compléter les pensions proratisées entre 60 et 65 ans. Elle est accordée sans condition de ressources.
Pour obtenir l'allocation complémentaire, une demande doit être adressée à l'ASSEDIC. Elle cessera de vous être versée quand vous pourrez faire liquider toutes vos pensions des régimes de base et au plus tard à 65 ans.

L'ALLOCATION POUR LES ANCIENS COMBATTANTS

Le fonds de solidarité en faveur des anciens combattants d'Afrique du Nord et d'Indochine a mis en place deux allocations pour les chômeurs de longue durée de moins de 65 ans, de nationalité française ou étrangère mais ayant leur résidence habituelle en France et disposant de revenus modestes.

LES CONDITIONS À REMPLIR

Pour prétendre à l'une des deux allocations, vous devez :
- avoir participé aux opérations effectuées en Afrique du Nord entre le 1er janvier 1952 et le 2 juillet 1962 ou en Indochine entre le 16 septembre 1945 et le 11 août 1954 ;
- être titulaire de la carte d'ancien combattant ou du titre de la reconnaissance de la nation pour l'une ou l'autre opération ;
- être sans emploi depuis plus d'un an ou en situation de travail précaire ; une reprise d'activité temporaire qui n'ouvre pas des nouveaux droits à l'assurance chômage est sans incidence ;
- ne pas pouvoir bénéficier de la retraite à taux plein.

Deux aides ne sont pas cumulables : l'allocation différentielle et l'allocation de préparation à la retraite.

L'ALLOCATION DIFFÉRENTIELLE

Elle est versée pour garantir au bénéficiaire un revenu de 765,50 € par mois en 2004 ; montant porté à 929,06 € pour ceux qui justifient de 160 trimestres de cotisations. L'allocation versée est égale à la différence entre ces montants plafonds et la somme de vos revenus et de ceux de votre conjoint ou concubin. Pour apprécier la valeur de ces derniers sont pris en

compte principalement : vos revenus d'activité, les pensions civiles d'invalidité et l'allocation supplémentaire du fonds spécial d'invalidité ; les rentes d'accident du travail ; l'allocation pour adultes handicapés, les prestations de chômage, le RMI, les revenus fonciers et de capitaux mobiliers imposables, les pensions de réversion. En revanche, ne sont pas prises en compte : les prestations familiales, les pensions militaires d'invalidité et de victime de guerre.
La demande est à adresser au service départemental de l'Office national des anciens combattants et victimes de guerre.

Elle cessera de vous être versée si vous ne remplissez plus les conditions nécessaires et notamment la condition de ressources, et en tout état de cause dès que vous pourrez faire liquider votre retraite.

L'ALLOCATION DE PRÉPARATION À LA RETRAITE

Elle est attribuée aux personnes qui n'exercent aucune activité professionnelle et qui ont bénéficié pendant six mois consécutifs de l'allocation différentielle.
Son montant est égal à 65 % des revenus mensuels d'activité ; il ne peut être inférieur au montant plafond de l'allocation différentielle soit 765,50 € par mois ou 929,06 € par mois en fonction du nombre de trimestres de cotisations, ni supérieur à 1 190,66 € en 2004.

Attention
Cette allocation ne peut pas être cumulée avec l'allocation différentielle, le RMI et les allocations de chômage et de solidarité. La reprise d'une activité professionnelle ou la liquidation de la retraite met immédiatement fin au versement de l'allocation de préparation à la retraite.

À noter
La demande est à adresser au service départemental de l'Office national des anciens combattants et victimes de guerre.

LES DIFFÉRENTES FORMES DE PRÉRETRAITE ET DE DÉPARTS ANTICIPÉS

PRÉRETRAITE ET LICENCIEMENT

Si vous êtes menacé de licenciement économique et âgé d'au moins 57 ans, votre employeur peut vous proposer, en dernier recours, de partir en préretraite totale (appelée également préretraite licenciement ou préretraite FNE). Mais sachez que partir avant l'heure de la retraite n'est plus au goût du jour. La tendance est même exactement inverse. Il faut allonger les carrières professionnelles. Aussi les préretraites FNE risquent-elles de devenir marginales.

Pour trouver le thème qui vous intéresse, consultez la table des matières en début de volume ou l'index alphabétique en fin de volume.

LES CONDITIONS

LES ENTREPRISES CONCERNÉES

Peuvent vous proposer d'adhérer à une convention FNE, toute entreprise industrielle ou commerciale, agricole, les offices publics et ministériels, les professions libérales, les sociétés civiles, syndicat professionnel et les associations. Devront demander l'accord préalable de l'autorité de tutelle : les établissements publics à caractère industriel ou commercial, les sociétés d'économie mixte et les sociétés nationales et enfin les associations financées principalement par une collectivité territoriale. En revanche, sont exclus l'État, les collectivités locales et tous les établissements publics administratifs, ainsi que les particuliers qui emploient des salariés pour des motifs non professionnels (employeurs d'employés de maison ou d'assistantes maternelles).

➤ Coup de frein

L'employeur lorsqu'il procède à des licenciements pour motifs économiques n'est pas tenu de proposer aux salariés concernés une préretraite. L'administration a d'ailleurs donné pour consigne de limiter l'usage des préretraites totales FNE dans les plans de sauvegarde à l'emploi et de les proposer en dernier recours après examen de toutes les mesures permettant d'éviter des licenciements ou de garantir des reclassements. Par ailleurs, un employeur qui procède à un licenciement pour motif économique d'un salarié de 50 ans et plus, devra acquitter la contribution Delalande, pénalités à verser à l'ASSEDIC lorsque des licenciements concernent des salariés âgés (voir les parties *L'indemnisation des chômeurs de plus de 50 ans* et *Les mesures de protection de l'emploi des plus de 50 ans*).

La formule de la préretraite lui coûtera de toute façon de l'argent puisqu'il doit participer à son financement (voir encadré page 118).

➤ Les démarches

L'employeur qui souhaite conclure une convention doit déposer, sur imprimé spécial, une demande à la direction départementale du Travail et consulter le comité d'entreprise ou d'établissement ou à défaut les délégués du personnel sur le projet de convention.

Une fois la convention conclue, la liste des personnes pouvant en demander le bénéfice est arrêtée. Il s'agit en pratique des salariés pour lesquels le reclassement a été jugé difficile. Ces personnes peuvent alors si elles le souhaitent établir une demande d'adhésion.

LES BÉNÉFICIAIRES

Pour bénéficier du dispositif de la préretraite, vous devez :
- adhérer personnellement à la convention conclue entre votre employeur et l'État ;
- être âgé d'au moins 57 ans (la condition relative à l'âge est appréciée au terme du préavis). Par dérogation, elle peut être proposée à des salariés de 56 ans notamment en cas de fermeture d'un établissement, ou de problèmes d'emploi graves au niveau local ;
- avoir moins de 65 ans. Si vous avez 60 ans, vous pourrez adhérer à condition de ne pas pouvoir prétendre ni à une retraite à taux plein (voir les parties *L'indemnisation des chômeurs de moins de 50 ans* et *Six conditions pour percevoir une allocation chômage)* ni à une pension de vieillesse liquidée pour inaptitude au travail. En revanche, les titulaires d'une pension d'invalidité de 2e ou 3e catégorie de moins de 60 ans peuvent adhérer ;
- avoir appartenu à la fin du contrat de travail, pendant au moins dix ans, à un ou plusieurs régimes de Sécurité sociale au titre d'emplois salariés ; certaines périodes non travaillées peuvent être prises en compte dans la limite de cinq ans (voir l'encadré ci-dessous) ;
- justifier, à la fin du contrat de travail d'au moins un an d'appartenance continue à l'entreprise ayant conclu la convention ;
- être licencié pour motif économique et être déclaré, par la direction départementale du Travail, non susceptible de reclassement ;
- ne pas exercer une autre activité qui elle ne serait pas rompue.

En pratique

Périodes assimilées

Pour adhérer à une convention de préretraite FNE, il vous faut notamment justifier de dix années d'appartenance à un régime de Sécurité sociale au titre d'un emploi salarié. Pour apprécier cette condition, sont prises en compte les périodes pendant lesquelles vous avez été salarié dans le privé mais également d'un employeur public, fonctionnaire civil ou militaire et celles pendant lesquelles vous avez travaillé dans un État membre de l'Union européenne. Sont également retenues mais dans la limite de cinq ans, les périodes suivantes :
- les deux années gratuites d'assurance accordées aux femmes pour chaque enfant élevé ;
- les périodes d'affiliation gratuite à l'assurance vieillesse : période pendant lesquelles vous avez perçu le complément familial, l'allocation pour jeune enfant ou parentale d'éducation ;
- les périodes d'affiliation des personnes qui ont à charge une personne handicapée ;
- les périodes d'assurance volontaire des mères de famille et des salariés français travaillant à l'étranger.

LE CHOIX DU SALARIÉ

Lorsqu'une convention de préretraite FNE est signée entre l'employeur et la direction départementale du Travail, le salarié âgé menacé de licenciement économique se trouve devant un choix : adhérer à la convention de préretraite FNE ou être licencié.

➤ Comment choisir ?

Il n'existe pas de réponse universelle : l'une ou l'autre des solutions peuvent vous être plus favorables.
Pour vous aider à prendre votre décision, sachez d'ores et déjà qu'en préretraite :
- vous jouez la sécurité en vous garantissant un revenu régulier jusqu'à l'heure de votre retraite ;
- vous ne devez pas vous inscrire à l'ANPE et vous êtes donc dispensé de recherche d'emploi ;
- le montant minimum de l'allocation de préretraite est plus élevé que celui de l'allocation de chômage (27,35 € contre 25,01 € par jour au 1er juillet 2004) ;
- pour un salaire proche du plafond de la Sécurité sociale (2 476 € par mois en 2004), la préretraite est financièrement favorable. En revanche, pour un salaire élevé (au-delà de deux fois la valeur du plafond mensuel de la Sécurité sociale : 4 952 € en 2004) l'allocation de chômage est plus avantageuse. En effet, si vous aviez un bon salaire auparavant, la réalité risque d'être dure car l'allocation de préretraite a un montant maximum de 2 847,40 € pour un mois de trente jours que vous atteindrez avec un salaire brut de 4 952 € ;
- l'adhésion à la convention de préretraite suppose la renonciation aux allocations de chômage mais également à une partie des indemnités de licenciement si le montant de celles-ci est supérieur à celui que prévoit la loi (voir la rubrique *Les indemnités versées au moment de la rupture du contrat*).

➤ Liberté totale

Vous êtes libre d'adhérer ou non à la convention de préretraite FNE. Si vous répondez par l'affirmative à l'offre, vous devez adhérer avant le terme de votre préavis. Mais attention, l'adhésion est irréversible. Vous devez donc vous prononcer en connaissance de cause et analyser les conséquences financières d'une préretraite et d'une mise en chômage.

À noter
En adhérant à une convention de préretraite, vous perdez la possibilité de contester la régularité de la procédure et de la cause de votre licenciement.

Bon à savoir

La participation de l'employeur

L'entreprise verse à l'administration une contribution dont le montant dépend de l'âge du salarié, de la durée de versement de la préretraite et du taux de participation négocié par l'employeur au moment de la conclusion de la convention. Ce dernier est fonction de la qualité du plan de sauvegarde de l'emploi, de la taille de l'entreprise, de sa situation économique et financière, du caractère répétitif ou systématique de recours aux préretraites.
Le taux déterminé est appliqué sur la valeur du salaire journalier de référence et le montant obtenu multiplié par le nombre de jours de paiement de la préretraite jusqu'à 60 ans auquel on ajoute un forfait de 365 jours. Le taux retenu dans la convention varie entre 17,5 % et 20,5 % pour les petites et moyennes entreprises n'appartenant pas à un groupe d'importance nationale et entre 28 % et 31 % pour les grandes entreprises et celles appartenant à un groupe d'importance nationale.

LA RÉMUNÉRATION

LE MONTANT DE L'ALLOCATION

L'allocation de préretraite FNE est calculée à partir de vos salaires bruts des douze derniers mois civils précédant le dernier jour travaillé. Ce salaire est plafonné à deux fois le plafond de la Sécurité sociale. En divisant ce montant par 365 jours (366 pour une année bissextile) vous obtenez le montant journalier de référence. Les périodes pendant lesquelles vous n'avez pas reçu une rémunération normale, notamment les périodes de suspension du contrat de travail et de chômage partiel, ne sont pas prises en compte.
Le montant de l'allocation est égal à :
- 65 % du salaire journalier de référence pris dans la limite du plafond de la Sécurité sociale soit 2 476 € en 2004 ;
- plus 50 % du salaire de référence pour la partie comprise entre une fois et deux fois le plafond de la Sécurité sociale (soit entre 2 476 et 4 952 € en 2004) ; cette règle s'applique pour les conventions de préretraite signées depuis le 3 mai 1997. Avant cette date, votre salaire était retenu dans la limite de quatre fois le plafond de la Sécurité sociale.

Le montant de l'allocation ne peut être inférieur à un minimum fixé à 27,35 € par jour au 1er janvier 2004, ni supérieur à 85 % du salaire journalier de référence.

➤ Les prélèvements sociaux

Sur le montant de l'allocation de préretraite sont prélevées :

- la CRDS au taux de 0,5 % : elle affecte la totalité de l'allocation. Cette contribution n'est pas prélevée (ou seulement partiellement) lorsque sa ponction aurait pour conséquence de porter le montant de l'allocation en dessous du SMIC journalier dont le montant est de 40 € depuis le 1er juillet 2004 ;
- une cotisation d'assurance maladie, maternité, invalidité, décès, dont le taux est de 1,7 %, est précomptée sur le montant total de la préretraite. Son prélèvement ne doit pas porter le montant de votre allocation, après déduction de la CRDS, en dessous du montant du SMIC brut journalier. Vous pouvez donc être exonéré de cette cotisation en tout ou partie ;
- la CSG au taux de 6,2 % affecte le montant total de l'allocation (à compter du 1.1.2005, le taux est porté à 6,6 %, loi n° 2004-810 du 13.8.2004 relative à l'assurance maladie, *JO* du 17.8.2004). Comme pour la CRDS, elle ne sera précomptée que si l'allocation ne se trouve pas portée à un montant inférieur au SMIC journalier.

Par ailleurs, vous échapperez au paiement de la CSG et de la CRDS si vous n'êtes pas redevable de l'impôt et que votre revenu fiscal de 2002 tel qu'il apparaît sur votre avis d'imposition reçu dans l'automne 2003, ne dépasse pas les seuils d'exonération applicables en matière de taxe d'habitation.

Exemple

Pour une rémunération brute mensuelle de 2 450 €, soit de l'ordre de 1 813 € net, le montant brut de l'allocation de préretraite est de 1 592,50 €, soit 1 458,73 € net jusqu'au 31 décembre 2004 et de 1 452,36 € à compter du 1er janvier 2005

➤ Revalorisation

Le salaire journalier de référence est revalorisé dès lors que les rémunérations qui le composent sont afférentes à des périodes anciennes d'au moins six mois à la date de la revalorisation. Celle-ci intervient une fois par an au 1er janvier. L'augmentation se fait en fonction du taux prévisionnel des prix à la consommation, hors tabac.

Bon à savoir

Vos sacrifices

L'État est le principal financeur de la préretraite FNE, néanmoins employeur et salarié y participent également.

Pour bénéficier de la préretraite vous devez renoncer à une partie de votre indemnité de licenciement. Le montant de votre participation est ▶

Bon à savoir

égal à la différence entre l'indemnité conventionnelle de licenciement à laquelle vous pouvez prétendre et une indemnité calculée comme l'indemnité de départ en retraite, sachant que son montant ne peut être inférieur à l'indemnité légale de licenciement. Vous ne pouvez donc pas partir avec une indemnité inférieure à l'indemnité légale de licenciement. Ainsi, vous n'avez rien à perdre si votre convention collective ne prévoit pas un régime plus favorable en cas de licenciement, ou encore si l'indemnité conventionnelle de départ à la retraite est égale à l'indemnité de licenciement.
Lorsque vous devez apporter votre contribution, sachez que cette dernière est limitée à quarante fois le salaire journalier de référence et quarante-cinq fois ce même montant si vous avez bénéficié d'un préretraite avant 57 ans (régime dérogatoire).

LA DURÉE DE VERSEMENT

C'est l'ASSEDIC qui vous versera les allocations. Vous n'allez pas les recevoir immédiatement après la rupture du contrat de travail. En effet, si vous avez perçu des indemnités compensatrices de congés payés correspondant aux jours de congé qu'il vous restait à prendre au moment de la rupture du contrat, l'ASSEDIC calculera un délai de carence. À partir du nombre de jours ouvrables de congés payés (tous les jours sauf le dimanche) qui vous ont été payés et qu'elle divise par 6 et multiplie par 7, l'ASSEDIC décompte le délai en jours calendaires, c'est-à-dire du lundi au dimanche.

Exemple

Votre employeur vous a payé 30 jours de congés payés. La durée du délai de carence sera de : $\frac{30}{6} \times 7$ *soit 35 jours.*

➤ La fin de l'indemnisation

Vous percevrez l'allocation jusqu'à ce que vous puissiez faire liquider votre retraite de Sécurité sociale à taux plein et au plus tard à 65 ans. Le versement peut toutefois être suspendu en cas de reprise d'activité.
En cas de maladie, le préretraité n'étant pas pris en charge au titre des prestations en espèces de la Sécurité sociale, le versement des allocations du FNE sera poursuivi.

À noter

Les personnes qui bénéficient d'une pension de vieillesse pour inaptitude voient le versement de leurs allocations interrompu. Sont notamment visés tous les titulaires d'une pension d'invalidité, qu'elle soit de 1re, 2e ou 3e catégorie, transformée automatiquement en pension de vieillesse à 60 ans.

À noter

Le versement de la préretraite n'est pas remis en cause si vous allez vivre à l'étranger, que le pays d'accueil appartienne ou non à l'Union européenne.

En pratique

Le statut du préretraité

Le préretraité n'est pas un demandeur d'emploi ; aussi ne figure-t-il pas dans les statistiques du chômage. Il est, par ailleurs, dispensé de recherche d'emploi et de pointage. Il doit néanmoins s'engager à déclarer à l'ASSEDIC tout changement de situation (liquidation de la retraite, reprise d'activité même bénévole) sous peine de perdre le bénéfice des allocations. Il doit, en outre, remplir une déclaration annuelle.

Protection sociale

Chaque trimestre donnant lieu au versement de l'allocation de préretraite valide un trimestre d'assurance vieillesse ; en revanche, les allocations de préretraite ne sont pas prises en compte dans les meilleures années de salaire. Par ailleurs, l'allocation vous donne droit à des points gratuits de retraite complémentaire.

En cas de maladie, vous pouvez prétendre à la prise en charge de vos frais de soins par l'assurance maladie.

LA REPRISE D'UNE ACTIVITÉ PROFESSIONNELLE

Une reprise d'activité suspend, en principe, le versement de la préretraite. Mais si vous perdez cette nouvelle activité vous retrouverez le bénéfice de la préretraite. Il existe néanmoins de nombreux cas où l'activité est cumulable avec l'allocation de préretraite FNE.

ACTIVITÉ SALARIÉE

L'exercice d'une activité est compatible avec le versement d'une préretraite si la durée de cette activité est inférieure à seize heures par mois et si la rémunération perçue à ce titre ne dépasse pas 16/169 du salaire de référence mensuel revalorisé. Le maintien de l'allocation de préretraite est possible mais le montant de cette dernière sera réduit du montant des rémunérations nettes perçues. Chaque mois, le salaire perçu est divisé par le montant journalier de la préretraite ; le chiffre obtenu correspond au nombre de jours non indemnisables dans le mois.

Mais cette tolérance n'est pas admise lorsqu'il y a une reprise d'activité chez l'ancien employeur, même si celle-ci est exercée moins de seize heures par mois. Il existe cependant une exception. L'allocation est, en effet, maintenue lorsque le préretraité effectue des actions de reclassement chez son ancien employeur dans les conditions suivantes :
- la nature et l'importance des opérations de reclassement en cause ne doivent pas permettre l'embauche du préretraité à temps plein sous contrat à durée déterminée ;
- le préretraité ne doit pas participer au fonctionnement de l'entreprise ;
- le comité d'entreprise doit avoir été consulté et ne pas formuler d'objections ;
- la durée de l'activité ne doit pas dépasser seize heures par mois (activité rémunérée ou non).

Dès que vous reprenez une activité, vous devez la déclarer à la direction départementale du Travail qui se prononcera sur le maintien partiel des allocations et la communiquera à l'ASSEDIC.

À noter

– Lorsque la durée du travail est difficilement chiffrable, pour apprécier la condition des seize heures, on se réfère aux rémunérations habituellement perçues par les salariés exerçant à temps plein une activité identique ou au salaire minimum prévu par la convention collective pour la catégorie concernée.

– L'indemnité de non-concurrence éventuellement inscrite au contrat de travail doit être versée en cas de départ en préretraite dès lors que l'employeur n'a pas dénoncé la clause (C. cass., soc., 5.1.1995, société Ozona c/ Platteau).

ACTIVITÉ BÉNÉVOLE

Ne remettent pas en cause le versement des allocations de préretraite :
- l'exécution d'un mandat syndical de représentation dans un organisme paritaire (la Sécurité sociale, par exemple) ;
- l'exécution d'un mandat électif auprès, par exemple, des conseils de prud'hommes, des organismes sociaux, des collectivités locales...

Dans la mesure où ces activités ne donnent pas lieu au versement d'une rémunération les indemnités pour frais ne sont pas considérées comme des salaires. Ainsi, par exemple, l'indemnité que reçoit un maire est cumulable avec l'allocation de préretraite.

Par ailleurs, un retraité peut exercer une activité non rémunérée dans le cadre d'un mouvement associatif à la condition qu'il ne s'agisse pas de remplacer du personnel administratif ou d'éviter le recrutement d'un tel personnel. En revanche, ne sont pas considérées comme des activités bénévoles : les activités non rémunérées que vous pourriez avoir chez votre ancien employeur même s'il s'agit d'un organisme à but non lucratif et le bénévolat dans un organisme lucratif.

À noter

– Vous pouvez cumuler intégralement les droits d'auteur ainsi que les revenus provenant strictement de la diffusion ou de l'exploitation des œuvres de l'esprit avec la préretraite sans que les sommes perçues diminuent le montant de l'allocation.

– L'exercice de missions d'expertise, de missions ponctuelles de recherche, la participation à des jurys d'examen sont admis sans limitation de durée. Les rémunérations perçues sont imputées sur le montant des allocations.

– Pour des activités non salariées agricoles, le bénéfice de la préretraite est compatible avec l'exploitation d'une propriété, si la surface de celle-ci représente moins de la moitié de la surface minimum d'installation telle qu'elle est retenue par la mutualité sociale agricole du département. Les revenus nets de l'exploitation sont imputés sur le montant des allocations.

Questions-réponses

Je suis en préretraite totale depuis peu. Je m'ennuie et voudrais exercer une activité bénévole dans une association locale sans but lucratif. En ai-je le droit ?

Oui, c'est possible à condition que votre activité ne conduise pas à remplacer un salarié qui assure des tâches administratives, ou à éviter l'embauche d'une personne.

En préretraite, puis-je arrondir mes fins de mois avec des petits boulots ?

Vous pouvez effectivement exercer une petite activité salariée mais le montant net de votre rémunération sera déduit de votre allocation de préretraite. Sachez encore que ce travail ne peut dépasser seize heures par mois ; le salaire lui-même ne peut excéder 16/169 du salaire brut de référence.

Je suis en préretraite et perçois une pension d'invalidité. Cette situation est financièrement beaucoup plus avantageuse que le futur montant de ma retraite. Jusqu'à quel âge l'allocation de préretraite me sera-t-elle versée ?

Vous avez droit à une retraite à taux plein à 60 ans. Aussi à partir de cet âge là, l'allocation de préretraite cessera de vous être versée ainsi que la pension d'invalidité et vous percevrez votre retraite. Vous n'avez pas la possibilité de vous opposer à la liquidation de votre retraite.

▶

Questions-réponses

Un salarié qui a opté pour la préretraite a-t-il les mêmes droits qu'un salarié licencié ?
L'employeur leur doit les mêmes indemnités. Lorsque le préavis n'est pas effectué à la demande de l'employeur, il vous devra une indemnité compensatrice. Vous avez droit, par ailleurs, à une indemnité de licenciement mais vous devrez, le cas échéant, renoncer à une partie pour le financement de la préretraite (voir ci-dessus) et à l'indemnité compensatrice de congés payés. Vous pourrez enfin débloquer par anticipation votre participation.

Je vais être licencié pour motif économique et j'ai adhéré à la convention de préretraite FNE. J'ai l'intention de contester le motif de la rupture du contrat de travail. Est-ce possible ?
En adhérant à la convention FNE vous vous êtes fermé cette possibilité. C'est pourquoi, il faut avant d'adhérer prendre en compte tous les éléments. Or, en engageant une procédure pour licenciement abusif vous pouvez, si vous gagnez le procès, recevoir des dommages et intérêts qui peuvent atteindre jusqu'à 6 mois de salaire. Aussi, le licenciement sec peut-il être financièrement plus intéressant.

Bon à savoir

Le salaire journalier de référence (SJR)

Le salaire dit journalier de référence sur la base duquel est calculé le montant des allocations est établi à partir de l'ensemble des salaires, primes et gratifications soumises à cotisation que vous avez perçues au cours des douze derniers mois précédant la rupture du contrat. Le total obtenu est divisé par 365. Sachez, en outre, que le salaire mensuel retenu est pris dans la limite d'une fois, deux fois ou quatre fois le plafond de la Sécurité sociale selon le type de préretraite en cause.

LA PRÉRETRAITE PROGRESSIVE POUR PARTIR EN DOUCEUR

À partir du 1er janvier 2005, aucune convention de préretraite progressive ne pourra plus être signée. Mais les droits de ceux qui en bénéficiaient déjà à cette date ne sont pas remis en cause. La préretraite progressive permet au salarié de transformer son emploi à temps plein en un temps partiel à partir de 55 ans jusqu'à l'âge de la retraite, et cela dans des conditions financières nullement défavorables. Malheureusement, le salarié n'en est pas l'initiateur. En effet, vous ne pourrez bénéficier d'une préretraite progressive que si votre employeur passe une convention avec l'État par laquelle il s'engage, en échange du financement des départs en préretraite, soit à recruter un ou plusieurs demandeurs d'emploi, soit à diminuer le nombre de licenciements pour motif économique qu'il avait prévus.

LES CONDITIONS

LES ENTREPRISES CONCERNÉES

Votre employeur pourra vous proposer une préretraite progressive si son entreprise relève du secteur privé.
Sont également concernés : les entreprises industrielles et commerciales, les entreprises agricoles, les offices publics et ministériels, les professions libérales, les sociétés civiles ; les syndicats professionnels, les associations.
En revanche, sont exclus l'État, les collectivités locales et tous les établissements publics administratifs, ainsi que les particuliers qui emploient des salariés pour des motifs non professionnels (employeurs d'employés de maison ou d'assistantes maternelles).
Pour mettre en place ce dispositif, l'employeur doit consulter le comité d'entreprise ou à défaut les délégués du personnel, conclure une convention avec la direction départementale du Travail. L'adhésion des salariés est volontaire : nul ne peut l'obliger à adhérer à la convention de préretraite progressive. Si c'est l'option choisie par le salarié, un avenant à son contrat de travail devra être établi.

LES BÉNÉFICIAIRES

Vous pouvez adhérer à une convention de préretraite progressive si vous remplissez l'ensemble des conditions suivantes :
- vous êtes âgé d'au moins 55 ans et de moins de 65 ans ; si vous avez 60 ans ou plus vous ne devez pas remplir les conditions nécessaires pour bénéficier d'une retraite à taux plein ;
- vous adhérez personnellement à la convention de préretraite progressive ;
- vous êtes physiquement apte à exercer un emploi à la date de la transformation de l'emploi, et si, ayant 60 ans vous n'êtes pas en mesure de percevoir une pension pour inaptitude à partir de 60 ans ;
- vous justifiez de 10 années d'appartenance à un ou plusieurs régimes de Sécurité sociale au titre d'un emploi salarié ; certaines périodes d'inactivité sont assimilées dans la limite de cinq ans (voir les parties *L'indemnisation des chômeurs de plus de 50 ans* et *En attendant la retraite)* ;
- vous avez travaillé à temps plein au moins pendant une année continue dans l'entreprise ; cette condition est appréciée à la date de transformation de l'emploi à temps plein en un emploi à temps partiel ;
- vous n'êtes pas chômeur saisonnier (voir les parties *L'indemnisation des chômeurs de moins de 50 ans* et *Combien percevrez-vous ?)* ;
- vous êtes soumis à un horaire précis et contrôlable ce qui exclut notamment les travailleurs à domicile ;
- vous n'avez aucune autre activité professionnelle.

LES NOUVELLES CONDITIONS DE TRAVAIL

L'emploi à taux plein doit être transformé en emploi à temps partiel représentant 50 % du temps plein initial. Cette modification doit être formalisée dans un avenant au contrat de travail lequel doit préciser les modalités du temps partiel.

La nouvelle organisation peut se faire à l'échelle de la semaine, d'une année voire même sur plusieurs années (variation de la durée du travail sur une période pluriannuelle) : se succèdent alors des périodes pendant lesquelles la durée du travail est supérieure à 50 % (avec un maximum de 80 %) et des périodes pendant lesquelles la durée du travail est inférieure à 50 % (avec un minimum de 20 %). La durée moyenne du travail sur l'ensemble de la période doit être de 50 %.

Exemple

Une préretraite progressive sur trois ans peut être organisée de la façon suivante :
– la première année à 80 % du temps de travail à temps complet ;
– la deuxième année : 50 % ;
– la troisième année : 20 %.

Lorsque ce type de modalité de préretraite est mis en place, la rémunération doit être lissée, c'est-à-dire que le salarié doit recevoir pendant toute la durée le même salaire correspondant à un mi-temps.

En revanche, lorsque l'organisation se fait sur un an, le lissage de la rémunération n'est pas obligatoire.

En pratique

Le statut du salarié

En préretraite progressive, vous restez un salarié à part entière. Aussi bénéficiez-vous de tous les avantages des autres salariés; de même vous pouvez faire l'objet d'un licenciement ou démissionner. Le versement des allocations de préretraite cesse alors.

Dans tous les cas où la rupture du contrat donne lieu au versement d'indemnités de rupture (licenciement, mise ou départ à la retraite) le calcul de ces dernières est réalisé en tenant compte des années d'activité à temps plein et celles à temps partiel.

Pour trouver le thème qui vous intéresse, consultez la table des matières en début de volume ou l'index alphabétique en fin de volume.

LA RÉMUNÉRATION

LE MONTANT DE L'ALLOCATION

Pour les conventions conclues depuis le 3 mai 1997, ce montant est fixé à :
- 30 % du salaire journalier de référence pour la part de ce salaire inférieure ou égale au plafond de la Sécurité sociale, soit 2 476 € par mois en 2004 ;
- et à 25 % de ce salaire pour la fraction comprise entre une fois et deux fois ce plafond, soit entre 2 476 € et 4 952 €.

Ces pourcentages sont appliqués sur le salaire journalier de référence lequel est établi à partir des salaires bruts que vous avez reçus au cours des douze mois civils qui ont précédés le dernier jour travaillé à temps plein mais pris en compte dans la limite de deux fois le plafond de la Sécurité sociale. Les périodes au cours desquelles vous n'avez pas reçu une rémunération normale notamment les périodes de suspension de contrat de travail et de chômage partiel, ne sont pas prises en considération.

Les allocations, comme le salaire de référence, sont revalorisées une fois par an au 1er janvier.

L'allocation ne peut être inférieure à 13,67 € au 1er janvier 2004. En tout état de cause, le montant minimum retenu ne peut avoir pour effet de porter le montant de l'allocation à un montant supérieur à 85 % du salaire journalier de référence.

En pratique

Ce que vous recevrez chaque mois

- De votre employeur vous allez recevoir une rémunération correspondant aux heures de travail que vous effectuez. Or le temps partiel proposé doit correspondre à 50 % de la durée du poste à temps plein ; vous recevrez, en principe, 50 % de votre salaire à temps plein.
- De son côté l'ASSEDIC vous versera une allocation de préretraite progressive.

Exemple : pour un salaire brut mensuel de 2 150 € (de l'ordre de 1 655,50 € net) pour un temps plein, le salaire journalier de référence est de 70,68 €. Le salaire brut étant inférieur au plafond de la Sécurité sociale, le montant journalier de l'allocation de préretraite progressive est de 30 % de 70,68 € soit 21,20 € par jour et 636,12 € pour un mois de trente jours. Il reçoit en plus 1 067,14 € de salaire soit au total 1 703,26 € (de l'ordre de 1 311,51 € net).

➤ Le prélèvement de cotisations sociales

Sur le montant de l'allocation, sont prélevées :
- la CRDS au taux de 0,5 % sur le montant total de l'allocation ;
- la cotisation d'assurance maladie de 1,7 % qui s'applique sur la totalité de l'allocation ;
- la CSG au taux de 6,2 % s'applique sur le montant total de l'allocation (à compter du 1.1.2005, le taux est porté à 6,6 %, loi n° 2004-810 du 13.8.2004 relative à l'assurance maladie, *JO* du 17.8.2004).

Vous pouvez être exonéré de ces contributions dans les mêmes conditions que pour la préretraite licenciement (voir la rubrique *Préretraite et licenciement*).

➤ Revalorisation

Le salaire journalier de référence est revalorisé dès lors que les rémunérations qui le composent sont afférentes à des périodes anciennes d'au moins six mois à la date de la revalorisation. Celle-ci intervient une fois par an au 1er janvier. L'augmentation se fait en fonction du taux prévisionnel des prix à la consommation, hors tabac.

À noter

Vous pouvez bénéficier de l'allocation fractionnée (voir les rubriques Préretraite et licenciement *et* La durée de versement*).*

LA DURÉE DE VERSEMENT

➤ Point de départ

La préretraite progressive est versée à compter du jour du passage à temps partiel. Si, à la date de transformation de l'emploi à temps plein en emploi à temps partiel, le salarié est dans l'incapacité de travailler pour cause de maladie ou d'accident, l'allocation n'est versée qu'à compter de la reprise du travail à temps partiel.

À noter

Comme le contrat de travail n'est pas rompu, il n'y a pas de versement d'indemnités compensatrices de congés payés ; il n'est donc pas prévu de délai de carence.

➤ Maintien de l'indemnisation

Le versement de la préretraite progressive est maintenu tant qu'il n'existe pas une cause de suspension ou d'interruption. L'inaptitude au travail pour cause de maladie ou d'accident ne constitue pas une cause d'interruption du versement de la préretraite. En cas d'arrêt de travail, vous cumulez le montant de votre allocation et les indemnités journalières de la Sécurité sociale calculées sur la base de votre salaire à temps partiel.

À noter

– L'attribution, en cours d'indemnisation d'une pension d'invalidité, même de 2e ou 3e catégorie, n'interrompt pas le service de la préretraite progressive.
– Le versement de la préretraite progressive se poursuit si vous partez à l'étranger dès lors que votre contrat de travail n'est pas rompu.

➤ La fin du versement

L'allocation de préretraite est, en principe, versée jusqu'à ce que l'intéressé puisse prétendre à une retraite à taux plein à partir de 60 ans et au plus tard jusqu'à 65 ans. Lorsque le préretraité parvient à l'âge de la retraite, le plus avantageux pour lui est que l'employeur demande son départ à la retraite. Il reçoit ainsi une indemnité de rupture de contrat plus importante que s'il demande lui-même à partir en retraite (pour les montants des indemnités, voir la rubrique *Les indemnités versées au moment de la rupture du contrat*).
Toutefois, s'il désire poursuivre son activité professionnelle, il peut, si l'employeur est d'accord, opter pour la retraite progressive (voir page 134).
De même, l'allocation de préretraite progressive peut cesser de vous être versée si le contrat de travail est rompu par le salarié ou l'employeur.

En pratique

Protection sociale

Si le salarié perd son emploi salarié, il aura droit aux allocations de chômage mais plus à l'allocation de préretraite progressive. L'allocation de chômage sera calculée sur la base du salaire à temps complet.
En matière de retraite, vous validez des trimestres d'assurance pendant tout le temps de la préretraite progressive. Vous faites l'acquisition de points de retraite complémentaire parce que vous avez une activité à temps partiel; l'État, par ailleurs, finance la validation de points de retraite pour la partie préretraite. Vous avez même la faculté de continuer à cotiser sur la base de votre salaire à taux plein, avec l'accord de votre employeur.

SI VOUS REPRENEZ UNE ACTIVITÉ

Si vous reprenez une activité sur le temps libre gagné au moment du passage du temps plein au temps partiel, le versement de l'allocation de préretraite progressive sera interrompu. L'exercice d'une tâche d'intérêt général accomplie pour le compte d'organismes privés à but non lucratif ou de collectivités publiques ayant conclu à cet effet une convention avec l'État, reste possible. Le versement des allocations peut, alors, être maintenu à titre exceptionnel, en tenant compte des rémunérations perçues par l'intéressé.

À noter

Vous pouvez exercer une mission de tutorat. À titre exceptionnel, cette mission peut être effectuée sur la base du volontariat, en dehors des périodes de travail prévues dans l'avenant à votre contrat de travail. Cette possibilité doit être expressément prévue par la convention de préretraite progressive et par l'avenant au contrat de travail du salarié.

En pratique

L'intérêt de la formule

La préretraite progressive présente incontestablement bien des avantages : réduire significativement le temps de travail tout en conservant environ 80 % du salaire net.
Le licenciement pour motif économique du point de vue revenu est nettement moins avantageux, car l'allocation représente autour de 65 % du salaire net. Il faut néanmoins tenir compte de l'indemnité de rupture : si à l'issue de la période de préretraite progressive, l'employeur n'opère pas de mise à la retraite, vous risquez de partir avec une somme symbolique alors que les indemnités de licenciement sont en général plus conséquentes (voir la rubrique *Les indemnités versées au moment de la rupture du contrat*). Pour vous déterminer il vous faut alors tenir compte de la durée pendant laquelle vous allez recevoir les allocations de préretraite. Si l'offre vous est faite alors que vous êtes proche de la retraite, le licenciement peut être financièrement plus avantageux. Consultez l'ASSEDIC, cet organisme peut vous aider dans votre choix.

Bon à savoir

La fin de l'ARPE

L'allocation de remplacement pour l'emploi (ARPE) est un mécanisme de préretraite créé en 1995 pour une durée déterminée. À l'origine, le dispositif devait prendre fin en décembre 1999. Remis en cause, il a pourtant été reconduit jusqu'au 31 décembre 2002. Aujourd'hui c'est chose faite, le dispositif n'accepte plus de nouveaux bénéficiaires depuis le 1er janvier 2003.

LES CAS SPÉCIFIQUES

La préretraite comme outil de gestion des sureffectifs est en voie de disparition : les entreprises sont moins promptes à se séparer de leurs quinquagénaires ; en outre, les pouvoirs publics ne favorisent plus ces formules en alourdissant leur contribution dans le financement des préretraites. Demeurent des formules de départs anticipés réservées aux salariés ayant connu des conditions de travail difficiles.

RETRAITE ANTICIPÉE

Tout est désormais fait pour inciter les seniors à poursuivre leur activité professionnelle et à décourager les entreprises à s'en séparer. Aussi les possibilités de cesser son activité avant 60 ans se réduisent-elles comme peau de chagrin. Une nouvelle formule a néanmoins vu le jour : le départ anticipé à la retraite réservé aux salariés qui ont commencé à travailler tôt et accompli une carrière longue et aux travailleurs handicapés.

LES SALARIÉS AYANT ACCOMPLI UNE LONGUE CARRIÈRE

Depuis le 1er janvier 2004, les salariés ayant commencé à travailler jeunes et accompli une longue carrière peuvent demander leur retraite dès 56 ans. D'ici 2008, 500 000 personnes devraient pouvoir bénéficier de ce nouveau dispositif.

➤ Les conditions à remplir

Il faut avoir au moins 168 trimestres tous régimes de retraite confondus. Entrent en compte dans ce nombre de trimestres : les périodes d'activité ayant donné lieu à cotisations mais également les périodes assimilées (maladie, maternité, chômage...), les périodes équivalentes (notamment certaines périodes d'aide familiale) et les majorations d'assurance accordées aux mères de familles et aux parents qui ont élevé un enfant handicapé.
Les autres conditions à remplir varient en fonction de l'âge de début d'activité et conditionnent l'âge de départ anticipé à la retraite.

➤ L'âge de départ

Pour partir à 56 ans, il faut totaliser 168 trimestres de cotisation et avoir commencé à travailler avant 16 ans c'est-à-dire avoir validé au moins 5 trimestres à la fin de l'année civile du 16e anniversaire (4 trimestres seulement pour ceux nés au cours du dernier trimestre de l'année civile). Il vous faudra attendre 58 ans, si vous remplissez cette condition d'âge de début d'activité, mais totalisez seulement 164 trimestres cotisés.
Le départ anticipé ne se fera pas avant 59 ans avec 160 trimestres cotisés et un début d'activité avant 17 ans. Il faut, en pratique, avoir validé 5 trimestres avant la fin de l'année civile du 17e anniversaire (4 trimestres pour ceux nés au cours du dernier trimestre de l'année civile).

En pratique

Faites le compte de votre durée de cotisation

Pour déterminer la durée de cotisation nécessaire pour un départ à la retraite anticipée on retient presque exclusivement les périodes de travail effectif. Ainsi ne sont pas retenus : les périodes de chômage, de préretraite (FNE, ARPE...), d'invalidité, les trimestres accordés aux mères de famille... Cependant, par dérogation, compte comme période cotisée :

- le service militaire : 90 jours sous les drapeaux valent 1 trimestre. On peut ainsi gagner 4 trimestres au maximum ;
- les arrêts maladie ou accident du travail : le trimestre civil au cours duquel vous avez perçu votre 60e indemnité journalière valide un trimestre de cotisations comme chaque nouvelle période d'indemnisation de 60 jours. Le trimestre civil au cours duquel est survenu l'accouchement est aussi pris en compte. On ne peut ainsi obtenir plus de 4 trimestres pour toute sa carrière.

À noter

Les périodes d'apprentissage entrent dans le décompte des trimestres cotisés lorsqu'elles ont été accomplies à partir du 1er juillet 1972, date à partir de laquelle la rémunération des apprentis était soumise obligatoirement à cotisations. Pour les périodes d'apprentissage antérieures à cette date, des cotisations n'ont pas toujours été versées. En pareille situation, elles ne comptent pas dans les trimestres cotisés sauf à payer des arriérés de cotisation.

➤ Le montant de la retraite

La retraite de base est versée au taux plein et les retraites complémentaires sans abattement.

➤ Les démarches

En premier lieu, il faut faire le point de ses droits en appelant le 0 825 809 789. En tout état de cause, une reconstitution de carrière est établie. Une étude est ensuite réalisée par la caisse et une attestation de situation vis-à-vis de la retraite anticipée est remise à l'intéressé. Si toutes les conditions requises sont remplies, un dossier de demande doit être déposé. Ce n'est qu'après avoir la certitude que vous pouvez bénéficier de la retraite anticipée, que vous démissionnerez de votre emploi.

Attention

Le salarié qui rompt son contrat de travail pour partir à la retraite avant 60 ans ne peut prétendre à l'indemnité de départ volontaire à la retraite (sauf dispositions conventionnelles ou contractuelles plus favorables).

À noter

Le départ anticipé à la retraite relève, en principe, de la seule volonté du salarié. Cependant, des accords collectifs de travail (notamment dans la métallurgie) prévoit la possibilité pour les employeurs de prononcer des mises à la retraite avant 60 ans au profit des salariés pouvant bénéficier du nouveau dispositif.

LES SALARIÉS HANDICAPÉS

Depuis le 1er juillet 2004, les salariés handicapés peuvent partir à la retraite avant 60 ans. Mais les conditions exigées pour accéder à cette retraite anticipée sont très sévères. Aussi peu de personnes sont concernées (on estime à 12 000 le nombre de bénéficiaires potentiels).

➤ Conditions à remplir

Il faut justifier d'une certaine durée d'assurance tous régimes de retraite confondus. Mais en plus avoir été atteint, pendant toute cette durée d'une incapacité permanente d'au moins 80 %. La durée d'assurance doit enfin comporter un minimum de trimestres de cotisation acquittée par le travailleur handicapé lui-même. Ainsi avec une durée d'assurance de 120 trimestres dont 100 effectivement cotisés, il est possible de partir à la retraite dès 55 ans ; avec 110 trimestres dont 90 cotisés : à 56 ans ; avec 100 trimestres dont 80 cotisés : à 57 ans ; avec 90 trimestres dont 70 cotisés : à 58 ans ; avec 80 trimestres dont 60 cotisés : à 59 ans.

➤ Le montant de la retraite

La retraite de base est calculée à taux plein et les retraites complémentaires sans abattement.

➤ Les démarches

La caisse régionale d'assurance maladie dont vous dépendez est chargée de faire une étude préalable de la demande. Après avoir vérifié que toutes les conditions sont remplies, un imprimé de demande est délivré. L'intéressé doit produire des documents prouvant son incapacité permanente d'au moins 80 % pendant la durée d'assurance et cela pour chaque année civile concernée. En l'absence de justificatifs pour certaines périodes, il est possible d'obtenir, sous certaines conditions, de la COTOREP qui s'est prononcée en dernier lieu sur le handicap, un document attestant du taux d'incapacité pour les périodes concernées. Si la commission n'est pas en mesure d'établir l'attestation car elle ne détient plus le dossier, le demandeur peut bénéficier d'une présomption de handicap. Il lui faut pour cela attester sur l'honneur avoir eu une incapacité de 80 % au cours des périodes concernées.

Pour trouver le thème qui vous intéresse, consultez la table des matières en début de volume ou l'index alphabétique en fin de volume.

UNE PRÉRETRAITE POUR LES VICTIMES DE L'AMIANTE

Avec la préretraite amiante, les salariés qui ont été exposés à l'amiante au cours de leur activité professionnelle se voient reconnaître un véritable droit à la préretraite sans que l'employeur ne puisse opposer un refus. Cette possibilité est même offerte aux chômeurs ou invalides.

LES BÉNÉFICIAIRES

Peuvent bénéficier du dispositif les salariés et anciens salariés des établissements ayant fabriqué des matériaux contenant de l'amiante et des établissements de flocage et calorifugeage à l'amiante. Toutes les entreprises visées sont répertoriées dans différents arrêtés parus au *Journal officiel* : du 3 juillet 2000 (*JO* du 16.7.2000), du 12 octobre (*JO* du 19.10.2000), du 1er août 2001 (*JO* du 4.9.2001), du 24 avril 2002 (*JO* du 5.5.2002) du 12 août 2002 (*JO* du 29.8.2002), du 25 mars 2003 (*JO* du 11 avril), du 30 juin 2003 (*JO* du 10.7.2003) et du 6 février 2004 (*JO* du 3.3.2004).
Peuvent également prétendre à la préretraite amiante :
- les salariés ayant travaillé dans des entreprises de construction et de réparation navales listées dans les arrêtés du 7 juillet 2000 (*JO* du 22.7.2000), du 28 septembre 2001 (*JO* du 21.10.2001), du 24 avril 2002 (*JO* du 5.5.2002), du 12 août 2002 (*JO* du 29.8.2002), du 25 mars 2003 (*JO* du 16.4.2003) et du 30 juin 2003 (*JO* du 10.7.2003) lorsqu'ils ont exercé certains métiers utilisant de l'amiante ;
- les travailleurs de la manutention portuaire, les dockers professionnels ayant travaillé dans des ports où a été manipulé de l'amiante (la liste des ports concernés est fixée par les arrêtés du 7 juillet 2000 (*JO* du 22 juillet) ; du 1er août 2001 (*JO* du 4 septembre) ; du 28 mars 2002 (*JO* du 18 avril) ; du 30 avril 2002 (*JO* du 4 mai) et du 14 octobre 2003 (*JO* du 10 décembre).

Si vous relevez de l'un de ces cas, sachez qu'il n'est pas possible de bénéficier de la cessation anticipée d'activité avant 50 ans. L'âge à partir duquel la préretraite peut être obtenue se calcule en retirant de la date à laquelle la personne atteint 60 ans un tiers de la durée :
- de travail effectué dans un établissement de flocage ou de calorifugeage à l'amiante. Ainsi un salarié ayant travaillé 24 ans dans l'un de ces établissements pourra bénéficier de l'allocation de cessation anticipée d'activité, au plus tôt, à partir de 52 ans ;
- d'exercice d'un métier de la construction et de la réparation navales ;
- du travail effectué par les dockers dans les ports.

Peuvent enfin bénéficier de cette cessation anticipée d'activité à partir de 50 ans les personnes atteintes d'une maladie professionnelle provoquée par l'amiante quel que soit l'établissement où ils ont travaillé. Ces maladies

sont : l'abestose et ses complications, la dégénérescence maligne broncho-pulmonaire compliquant les lésions parenchymateuses et pleurales bénignes, le mésothéliome malin primitif de la plèvre, du péritoine, du péricarde, les tumeurs pleurales primitives, le cancer broncho-pulmonaire primitif (arrêté du 29 mars 1999, *JO* du 3.3.1999, et du 3 décembre 2001, *JO* du 7.12.2001).
Peuvent également bénéficier de la préretraite « amiante », les salariés et anciens salariés agricoles reconnus atteints d'une maladie professionnelle causée par l'amiante (arrêté du 6.5.2003, *JO* du 27.5.2003).

À noter

Pour bénéficier de cette préretraite, vous ne devez pas être obligatoirement en activité. Elle est, en effet, offerte également aux personnes au chômage ou en invalidité. Toutefois, la personne en activité devra cesser son travail. De même, le bénéficiaire de la préretraite amiante ne pourra plus prétendre aux allocations de chômage.

N'ont, en revanche, pas accès à cette préretraite :
- les titulaires d'un avantage vieillesse ;
- les titulaires d'une pension de réversion ;
- les bénéficiaires de la retraite progressive.

LA RÉMUNÉRATION

➤ Le montant de l'allocation

Le montant de la préretraite correspond à 65 % du salaire de référence pris dans la limite du plafond de la Sécurité sociale (soit 2 476 € pour 2004) puis 50 % de ce même salaire pour la part comprise entre 2 476 € et 4 952 € (4 952 € correspond à deux fois la valeur du plafond mensuel de la Sécurité sociale applicable en 2004).
Le salaire de référence servant à la détermination de l'allocation est calculé d'après les rémunérations perçues par l'intéressé au cours de ses douze derniers mois d'activité salariée. Ces rémunérations revalorisées, le cas échéant, selon les règles applicables en matière de pensions de retraite, sont prises en compte dans la limite du double du plafond de la Sécurité sociale en vigueur à la date d'ouverture du droit à l'allocation. Le salaire de référence est égal à la moyenne mensuelle des rémunérations ainsi déterminées.
Le montant minimal de l'allocation ne peut être inférieur à 27,35 € par jour au 1er janvier 2004 sauf si ce montant plancher est supérieur à 85 % du salaire journalier de référence.
L'allocation de cessation anticipée d'activité est soumise aux cotisations et contributions applicables aux avantages de préretraite, à savoir la cotisation d'assurance maladie de 1,70 %, à la CSG au taux de 6,20 % (à compter du 1.1.2005, le taux sera de 6,6 %, loi n° 2004-810 du 13.8.2004 relative à l'assurance maladie, *JO* du 17.8.2004) et à la CRDS au taux de 0,50 %.

➤ La durée de versement

L'allocation est versée mensuellement et à terme échu par les caisses régionales d'assurance maladie. Elle est due jusqu'à ce que l'intéressé remplisse les conditions requises pour bénéficier d'une pension de vieillesse au taux plein.

Le versement de l'allocation n'est pas interrompu par le départ du bénéficiaire hors du territoire français et par l'installation de ce dernier dans sa résidence dans un pays étranger.

En cas de décès du bénéficiaire de l'allocation, celle-ci cesse d'être due au premier jour du mois civil qui suit le décès.

➤ Des indemnités de rupture

Si vous êtes en poste au moment de votre départ, l'employeur doit vous verser une indemnité de cessation d'activité dont le montant est au moins égal à celui de l'indemnité de départ à la retraite. Cette indemnité est exonérée d'impôt sur le revenu, de cotisations de Sécurité sociale, de CSG et de CRDS.

À noter

Si vous percevez une préretraite amiante, vous pouvez y renoncer pour choisir la retraite anticipée pour carrière longue (voir la page 137).

Attention

Cette préretraite est ouverte aux personnes indemnisées au titre du chômage mais également aux bénéficiaires d'une pension d'invalidité. La CNAM doit procéder à une estimation du montant de l'allocation de préretraite afin de vous permettre d'exercer le meilleur choix financier. N'hésitez donc pas à en faire la demande à la caisse.

En pratique

Démarches

Pour bénéficier de l'allocation de cessation anticipée d'activité, l'intéressé doit souscrire une demande conforme à un modèle fixé par arrêté. La demande accompagnée des pièces justificatives est adressée à la caisse régionale d'assurance maladie dans la circonscription de laquelle se trouve la résidence habituelle de l'intéressé, ou en cas de résidence à l'étranger, son dernier lieu de travail (à la MSA pour les salariés agricoles). La caisse accuse réception de la demande sous huit jours et notifie sa décision dans un délai de deux mois à compter de la date de réception de la demande. Si elle est acceptée, vous devez démissionner de votre emploi en respectant un préavis de deux mois si vous avez deux ans d'ancienneté et un mois si votre ancienneté est comprise entre six mois et deux ans.

▶

En pratique

En cas de rejet, la notification est effectuée par lettre recommandée avec avis de réception et doit comporter l'indication des voies de recours. En l'absence de décision de la caisse à l'expiration du délai qui lui est imparti, la demande est considérée rejetée et les voies de recours sont ouvertes à l'intéressé.
Ceux qui relèvent actuellement de la Direction des chantiers navals (DCN) ou de l'Établissement national des invalides de la marine (ENIM) doivent déposer leur demande de préretraite amiante auuprès de ces organismes.

Protection sociale

Les titulaires de l'allocation et leurs ayants droit bénéficient des prestations en nature de l'assurance maladie et maternité. Par ailleurs, le Fonds de cessation anticipée des travailleurs de l'amiante prend en charge les cotisations, tant pour la part patronale que salariale, de l'assurance volontaire vieillesse et invalidité. Ainsi pendant la perception de la préretraite amiante, vous continuez à valider des trimestres d'assurance et à accumuler des points de retraite complémentaire.

LA CESSATION D'ACTIVITÉ DES SALARIÉS AYANT EXERCÉ DES MÉTIERS PÉNIBLES

LA PRÉRETRAITE POUR EMPLOIS PÉNIBLES

Réservé aux salariés ayant été confrontés à des conditions de travail pénibles ou rencontrant des difficultés d'adaptation aux technologies nouvelles, ce dispositif n'est applicable que dans les branches professionnelles qui ont négocié un accord sur la cessation d'activité des salariés ayant exercé des métiers pénibles. La pionnière en la matière fut la construction automobile, suivie ensuite par la métallurgie et par bien d'autres branches d'activité (industries du papier-carton, des carrières et matériaux, chimiques, industrie textile, la presse quotidienne...).
Cette préretraite est destinée aux salariés en proie à des difficultés d'adaptation aux technologies nouvelles ou qui au cours de leur carrière professionnelle ont eu à accomplir des travaux pénibles (travail posté ou continu par exemple).
L'État, sous certaines conditions, peut prendre en charge une partie du revenu de remplacement versé au salarié bénéficiant de ce nouveau dispositif dit « CATS » (cessation d'activité de certains travailleurs salariés).

LES BÉNÉFICIAIRES

Pour que le salarié puisse bénéficier de cette préretraite, son entreprise doit relever d'une branche d'activité qui a conclu un accord professionnel national sur la cessation anticipée d'activité. Pour obtenir une participation de l'État au financement des préretraites, l'entreprise doit signer une convention avec l'État. Mais pour cela elle doit satisfaire à un certain nombre de conditions : avoir signé un accord d'entreprise fixant les conditions de départ et le nombre maximum de salariés concernés, appliquer les 35 heures et disposer d'un accord collectif sur la gestion prévisionnelle des emplois et des compétences. En outre, la préretraite doit être proposée à des salariés répondant à certaines conditions.
Chaque entreprise doit ensuite signer un accord pour définir le nombre maximum de départs pouvant être réalisé.

En projet

Le projet de réforme des retraites voudrait recentrer la formule de la cessation d'activité de certains travailleurs salariés (CATS) sur les emplois pénibles et seulement ceux-ci.

➤ Condition d'âge

L'âge d'accès au dispositif est fixé dans l'accord. Mais pour obtenir l'aide de l'État, l'adhésion doit se faire au plus tôt à 55 ans. La participation de l'État débute aux 57 ans du salarié ; avant, l'entreprise finance l'intégralité de la préretraite. Le salarié de moins de 57 ans au moment de l'adhésion peut être amené à reprendre son travail si son employeur lui demande. Au-delà de 57 ans, le salarié est dispensé totalement d'activité professionnelle. Par ailleurs, la participation de l'État ne commence pas avant que le préretraité n'atteigne 57 ans.

➤ Travail pénible

S'agissant de ses modalités de travail antérieur, le salarié doit :
- soit avoir travaillé durant quinze ans en équipes successives (travail posté) ou à la chaîne ;
- soit avoir travaillé habituellement au moins deux cents nuits par an pendant quinze ans ;
- soit enfin être reconnu travailleur handicapé.

Pour obtenir une prise en charge de l'État, le salarié doit en outre :
- justifier dans l'entreprise d'une ancienneté d'un an au minimum ;
- s'il est âgé de 60 ans ou plus, de ne pas pouvoir prétendre à une retraite à taux plein ;
- n'exercer aucune autre activité professionnelle : les salariés peuvent néanmoins reprendre une activité dans leur entreprise après leur adhésion

dans les conditions prévues dans l'accord ; dans une telle hypothèse la participation de l'État est interrompue ;
- ne bénéficier ni d'un avantage vieillesse, ni d'allocations du régime d'assurance chômage ou du régime de solidarité, ni d'une préretraite du Fonds national de l'emploi.

Bon à savoir

Quelques définitions

• **Travail à la chaîne**
Sont considérés comme tels les travaux effectués :
– dans une organisation comportant un dispositif automatique d'avancement à cadence constante des pièces en cours de fabrication ou de montage ; les opérations réalisées sont élémentaires et successives ;
– sur des postes de travail indépendants et qui consistent à la conduite et l'approvisionnement de machines à cycles automatiques et à cadence préréglée ;
– sur des postes interdépendants où la cadence est imposée par un mode de rémunération ou par le temps donné pour effectuer chaque opération élémentaire.

• **Travail d'équipe**
Vous avez travaillé en équipe si vous avez fait partie d'équipes de salariés se succédant sur un même poste de travail, sans jamais se chevaucher (travail posté).

• **Travail de nuit**
C'est celui effectué entre 22 heures et 5 heures ou dans une plage horaire de sept heures consécutives fixée par la convention collective.

LA RÉMUNÉRATION

➤ Le montant de l'allocation

Le montant de l'allocation est déterminé par l'accord. Dans la métallurgie, il est égal au montant accordé dans le cadre d'une préretraite FNE :
- 65 % du salaire de référence pour la part n'excédant pas le plafond de la Sécurité sociale ;
- 50 % pour la part au-delà du plafond, dans la limite de deux fois le plafond.
Le salaire de référence est pris en compte dans la limite de deux fois le plafond de la Sécurité sociale.

➤ La durée de versement

L'allocation est versée jusqu'à ce que le salarié atteigne l'âge auquel il a droit à une retraite à taux plein et au plus tard jusqu'à 65 ans.

Elle ne sera plus attribuée en cas de reprise d'activité mais reprend après une nouvelle suspension du contrat de travail.

À noter

Tout est dans l'accord !

L'accord fixe les conditions à remplir pour pouvoir bénéficier du dispositif, le montant des allocations, le cas échéant le montant des indemnités de rupture de contrat. Sachez, par exemple, que l'accord de la métallurgie prévoit que lors de son adhésion au dispositif, le salarié reçoit un acompte au moins égal à 60 % de l'indemnité de mise à la retraite. Le solde lui est versé au moment de la liquidation de sa retraite. Pour son calcul, l'ancienneté retenue est celle acquise au moment de l'adhésion au dispositif.

➤ La participation de l'État

La participation de l'État est calculée sur la base suivante :
- 65 % du salaire de référence pour la part du salaire ne dépassant pas une fois le plafond de la Sécurité sociale ;
- 50 % de ce même salaire pour la part comprise entre une fois et deux fois le plafond de la Sécurité sociale.

Le taux de participation est de :
- 20 % de la base de calcul lorsque le salarié a adhéré alors qu'il avait 55 ans ;
- 35 % pour une adhésion à 56 ans ;
- 50 % pour une adhésion à 57 ans et plus.

À noter

Les entreprises qui mettent en place un tel dispositif bénéficient, en plus, d'une exonération de cotisations sociales et d'impôt sur les sociétés sur la part des allocations de préretraite qui reste à leur charge (déduction faite de l'aide de l'État). Ces avantages sociaux et fiscaux devraient être prochainement réservés aux préretraites accordées à des salariés ayant exercé des activités pénibles dans des conditions à définir par décret (à paraître).

Bon à savoir

Les préretraites d'entreprise

Les entreprises peuvent elles-mêmes, sans financement de l'ASSEDIC ni de l'État, mettre en place leur propre système de départ anticipé : il s'agit des préretraites « maison » instituées par accord d'entreprise et plus rarement par décision unilatérale de l'employeur. On les trouve, dans la pratique, ▶

Bon à savoir

dans les grandes entreprises qui n'hésitent pas à autofinancer des préretraites « maison » pour échapper aux règles contraignantes des préretraites réglementées.

Les formules sont très variables d'une entreprise à une autre, aucune réglementation ne fixant le montant des allocations, les conditions d'accès... On peut cependant noter que la plupart du temps, elles s'adressent à des salariés qui ont au moins 50 ans et consistent :
– soit en un arrêt total de l'activité du salarié jusqu'à sa retraite : l'employeur s'engage néanmoins à verser une partie de sa rémunération. Ces congés de fin de carrière suspendent le contrat de travail sans le rompre. Ainsi, les allocations versées par l'employeur sont soumises aux mêmes cotisations sociales qu'un salaire (C. cass., soc. 19.12.1991, n° 89-16.324, Sté Elf-France c/ URSSAF de Meurthe-et-Moselle) ;
– soit une cessation totale d'activité avec rupture du contrat de travail. Pour dissuader les employeurs d'avoir recours à cette forme de préretraite, la loi Fillon a institué une contribution spécifique à la charge des entreprises. Elle porte sur les avantages de préretraite versés, sous forme de rente ou de capital. Le taux de cette contribution est au maximum de 23,95 % (des taux réduits peuvent être appliqués jusqu'en 2008 dans certains cas) ;
– soit en une préretraite à temps partiel : la solution est naturellement nettement moins coûteuse pour l'employeur.

En tout cas, jamais ce type de préretraite n'est imposé ; le salarié intéressé y adhère volontairement.
Avant de s'engager dans une préretraite maison, il faut connaître les modalités de rupture du contrat : quand et comment sera rompu le contrat de travail ? Une indemnité de rupture sera-t-elle versée ? Si oui, comment sera-t-elle calculée ?
La période de préretraite compte-t-elle dans le calcul des trimestres d'assurance vieillesse ? Continuez-vous à acquérir des points de retraite complémentaire et combien ? Pendant combien de temps vous sera versée la préretraite ?

SE CONSTITUER SA PRÉRETRAITE GRÂCE AU COMPTE ÉPARGNE-TEMPS

Créé par une loi du 25 juillet 1994, le compte épargne-temps permet au salarié d'accumuler des jours de congé rémunérés et d'utiliser ce précieux gain pour cesser son travail avant l'âge de la retraite sans rompre son contrat et surtout en bénéficiant d'une rémunération.

LES ACTEURS CONCERNÉS

➤ Les entreprises concernées

Toutes les entreprises ne sont pas concernées ; seules le sont celles énumérées dans l'article L.131-2 du Code du travail :

- les entreprises industrielles, commerciales, publiques ;
- les professions libérales ;
- les professions agricoles ;
- les employés de maison, concierges, gardiens d'immeubles, assistantes maternelles, travailleurs à domicile ;
- les établissements publics à caractère industriel et commercial, ou assurant une mission de service public à caractère administratif et industriel ;
- les offices publics et ministériels (notaires...) ;
- les sociétés civiles ;
- les syndicats professionnels et les associations ;
- les sociétés mutualistes et les organismes de Sécurité sociale n'ayant pas le caractère d'établissement public.

➤ Les bénéficiaires

Pour pouvoir en bénéficier, le compte épargne-temps doit être organisé par un accord de branche étendu (ayant fait l'objet d'un arrêté d'extension paru au *Journal officiel*) ou à défaut un accord d'entreprise. Ce dernier doit prévoir : les conditions à remplir par le salarié pour avoir accès à la formule, les conditions d'utilisation du compte (congés possible)...

LES MODALITÉS DE FONCTIONNEMENT

➤ Comment alimenter votre compte ?

Vous pouvez alimenter le compte :

- par un report de jours de congé annuel : au maximum vous pouvez mettre en réserve dix jours par an ;
- par conversion des primes et indemnités : au lieu de vous faire payer en espèces les différentes primes conventionnelles auxquelles vous avez droit (treizième mois, prime de vacances, prime d'ancienneté) vous pouvez demander à les convertir en jours de congés rémunérés ;
- par conversion des sommes attribuées au titre de l'intéressement : cela n'est possible que si l'intéressement dans l'entreprise résulte d'une part d'un accord collectif, et que d'autre part cet accord prévoit expressément la possibilité de verser les primes au compte épargne-temps ;
- par affectation des heures de repos acquises à titre de bonification pour les quatre premières heures supplémentaires à partir de la 36e heure ;

- par l'affectation d'une partie des augmentations de salaire prévues par accord collectif (votre salaire en argent doit en tout état de cause être au moins égal au SMIC et aux salaires minimaux prévus par la convention collective) ;
- par l'affectation des repos compensateurs : au lieu de vous faire payer vos heures supplémentaires, vous pouvez choisir le repos compensateur ;
- par l'affectation d'une partie des jours de repos issus d'une réduction collective de la durée du travail utilisables à l'initiative du salarié ;
- par l'affectation des heures effectuées au-delà de la durée collective du travail.

À noter

L'employeur peut, par un système d'abondement, venir augmenter le nombre de jours capitalisés par le salarié.

➤ Comment utiliser son compte épargne-temps ?

Le salarié peut utiliser son épargne notamment pour financer une cessation progressive ou totale d'activité (art. L. 227-1 al. 11, C. trav.). Pendant cette période le contrat n'est pas rompu mais seulement suspendu.
Si le contrat est rompu, le salarié perçoit une indemnité compensatrice correspondant aux droits à congé acquis.

LA FIN DE CARRIÈRE DES FONCTIONNAIRES : LA CESSATION PROGRESSIVE D'ACTIVITÉ

Le congé de fin d'activité des fonctionnaires (CFA) mis en place en 1996 suit le même cours que la préretraite ARPE des salariés, à savoir une extinction programmée. Le nombre des fonctionnaires pouvant encore bénéficier de ce dispositif est aujourd'hui infime. Mais ceux entrés en congé de fin d'activité avant le 1er janvier 2004 et dont la pension de retraite prend effet après cette date échappent à la réforme des retraites.
En revanche, le dispositif de la cessation progressive d'activité (CPA) est amélioré, à compter du 1er janvier 2004, afin de susciter un regain d'intérêt de la part des fonctionnaires qui prolongeront ainsi leur activité. Désormais, les fonctionnaires peuvent réduire leur temps de travail tout en percevant une rémunération supérieure à celle qu'ils recevraient pour un temps partiel ordinaire.

LES BÉNÉFICIAIRES

La CPA s'adresse aux fonctionnaires des trois fonctions publiques (État, collectivités territoriales et hospitalières) occupant un emploi à temps complet pour lequel « la limite d'âge » (âge de mise à la retraite d'office) est fixée à 65 ans. Ils doivent ensuite remplir une condition d'âge ; la CPA est réservée, en 2004, aux fonctionnaires qui ont au moins 55 ans et demi, 56 ans en 2005, 56 ans et 3 mois en 2006, 56 ans et demi en 2007. À partir de 2008, l'âge minimum requis sera 57 ans.
Il faut, en outre, justifier d'au moins 33 années de cotisations, tous régimes de retraite confondus et de 25 années de services effectifs. Cette durée de 25 ans peut être réduite (au maximum de 6 ans) du temps pendant lequel le fonctionnaire a bénéficié d'un congé parental ou d'une disponibilité pour élever un enfant de moins de 8 ans ou pour donner des soins à un enfant à charge, à son conjoint ou à un ascendant handicapé dont l'état a nécessité l'assistance d'une tierce personne. Les fonctionnaires présentant un certain degré de handicap ou d'invalidité peuvent également bénéficier de cette réduction de 6 années.
Mais attention, même si vous remplissez toutes les conditions exigées, pour intérêt de service, votre demande peut être refusée.

À noter

Les enseignants, compte tenu de l'organisation particulière de leur temps de travail, bénéficient d'un dispositif spécifique de la CPA.

RÉMUNÉRATION

Le montant dépend de la durée du travail à temps partiel. Or, vous avez le choix entre :
- travailler à mi-temps pour une rémunération égale à 60 % du traitement correspondant au temps complet (y compris l'indemnité de résidence, les primes et indemnités de toute nature attachées à votre grade et à votre échelon) ;
- ou travailler à temps partiel, la durée du travail diminuant progressivement au fil du temps : à 80 % pendant les deux premières années avec une rémunération égale à 6/7e du traitement global ; puis à 60 % jusqu'à la sortie du dispositif rémunérés à hauteur de 70 % du traitement global.

En choisissant de travailler plus que le temps partiel initialement prévu, vous pouvez vous constituer de « l'épargne temps » qui vous permettra de cesser totalement votre activité dans le cadre du CPA mais au plus tôt 6 mois avant la date de mise à la retraite.

Pour trouver le thème qui vous intéresse, consultez la table des matières en début de volume ou l'index alphabétique en fin de volume.

DURÉE

Les agents qui entrent en cessation progressive d'activité s'engagent à y demeurer jusqu'à 60 ans (âge d'ouverture du droit à la retraite). Mais, vous pourrez profiter du dispositif plus longtemps si votre durée de service ne vous donne pas droit au taux maximum de la retraite (75 %). La CPA cessera lorsque vous pourrez prétendre à la pension maximum et au plus tard à 65 ans.

À noter

Le nouveau dispositif de la CPA est également ouvert aux agents non titulaires à condition qu'ils soient titulaires d'un contrat de travail à durée indéterminée et occupent un emploi permanent à temps complet.

DES FORMULES POUR FAVORISER LE TRAVAIL DES SENIORS

Aujourd'hui, 70 % des personnes âgées de 55 à 64 ans ne sont plus en activité. Or, la place des salariés de cette tranche d'âge a été au cœur du débat sur les retraites. L'une des solutions possibles pour préserver l'équilibre des retraites est de repousser l'âge de cessation d'activité et de favoriser l'activité des seniors. À cet égard, plusieurs pistes sont exploitées.

LA RELANCE DE LA RETRAITE PROGRESSIVE

Cette formule organisée par la loi du 5 janvier 1988 est entrée en vigueur le 1er juillet de la même année. Elle consiste à travailler à temps partiel et à faire liquider une partie de sa retraite dont l'importance varie en fonction de la durée de l'activité maintenue. Avec des conditions d'accès restrictives (elle est réservée aux salariés pouvant prétendre à une retraite à taux plein) et la concurrence des formules de préretraite nettement plus avantageuses, elle a été boudée par les salariés. Pour relancer le dispositif, la loi de réforme des retraites ouvre plus largement l'accès à la retraite progressive.
Toujours réservée aux salariés d'au moins 60 ans, peuvent y avoir accès ceux qui ne justifient pas de 160 trimestres de cotisations sous réserve de remplir des conditions à définir par décret (non paru). Mais surtout, l'activité professionnelle maintenue doit désormais permettre de valider des trimestres d'assurance. Ainsi, au moment du départ en « retraite totale », la pension prendra en compte la dernière activité à temps partiel.

Notez que la retraite progressive est, en principe, ouverte aux salariés qui travaillent déjà à temps partiel et à ceux qui, avec l'accord de l'employeur, passent d'un temps plein à un temps partiel.

LE CUMUL EMPLOI-RETRAITE

Ce dispositif s'adresse aux personnes déjà à la retraite. Ils peuvent aujourd'hui cumuler le revenu d'activité avec leur retraite mais de façon strictement réglementée. Là encore, les règles du cumul emploi-retraite ont été assouplies par la loi Fillon. Mais les décrets d'application ne sont toujours pas parus.

Aujourd'hui la reprise d'activité ne peut pas, en principe, se faire chez son ancien employeur (bien qu'une tolérance existe pour certaines activités comme les métiers artistiques, littéraires ou encore les emplois avec logement de fonction...). À cette réserve près, une fois la retraite liquidée, il est possible de reprendre une activité sans remettre en cause le versement de la pension de la Sécurité sociale. La loi Fillon lève partiellement ce verrou, puisque la reprise d'activité chez l'ancien employeur n'aurait aucune incidence sur le versement de la pension à condition qu'elle survienne au moins un an après le départ à la retraite. Le cumul sera, par ailleurs, possible dans la limite du dernier salaire.

Les régimes de retraite complémentaire fonctionnent déjà comme cela. Ils suspendent le versement des retraites complémentaires si le salaire perçu ajouté à l'ensemble des pensions et allocations excède le dernier salaire d'activité.

Attention

Une retraite de base liquidée n'est pas revue ensuite à la hausse. La reprise d'une activité n'aura donc aucune conséquence sur votre retraite de Sécurité sociale.

LES INDEMNITÉS VERSÉES AU MOMENT DE LA RUPTURE DU CONTRAT

Le montant des indemnités que vous pouvez percevoir variera en fonction de la situation dans laquelle vous vous trouvez.
Ce chapitre fait le point sur ces indemnités et présente les conséquences fiscales et sociales de la perception de ces sommes.

Pour trouver le thème qui vous intéresse, consultez la table des matières en début de volume ou l'index alphabétique en fin de volume.

LES DIFFÉRENTES INDEMNITÉS

– **Indemnités de licenciement :** leur montant minimum légal est égal à 1/10e de mois de salaire par année de service jusqu'à dix ans d'ancienneté ; pour chaque année effectuée après dix ans de service, l'indemnité est majorée de 1/15e de mois de salaire. Ce minimum légal est accordé, sauf si la convention collective prévoit une indemnité de licenciement plus favorable. En cas de licenciement pour motif économique, cette indemnité est doublée.

– **L'indemnité de mise à la retraite** est égale à l'indemnité de licenciement fixée par l'accord de mensualisation sauf si la convention collective prévoit une indemnité de mise à la retraite plus élevée.

– **En cas de départ volontaire à la retraite** et si votre convention collective ne prévoit rien de particulier, vous aurez droit à une indemnité égale à un demi mois de salaire après dix ans d'ancienneté dans l'entreprise, un mois après quinze ans, un mois et demi après vingt ans, deux mois après trente ans. Attention, cette indemnité n'est pas due si vous partez à la retraite anticipée pour carrière longue.

LA PRÉRETRAITE

– **Préretraite progressive :** aucune indemnité au moment du passage au travail à temps partiel. En revanche, au moment de la rupture du contrat pour retraite, selon qu'il s'agit d'une décision prise par votre employeur ou par vous même, vous percevrez une indemnité de départ ou de mise à la retraite.

– **Préretraite FNE :** l'indemnité de licenciement prévue par l'accord de mensualisation ou par la convention collective mais amputée de sa participation à la convention de préretraite (voir la rubrique *Préretraite et licenciement*).

– **Préretraite amiante :** l'indemnité du même montant que celle versée en cas de départ volontaire à la retraite sauf si la convention prévoit une mesure plus favorable.

– **Indemnité versée dans le cadre du CATS :** il n'existe aucun montant minimal, ni même d'indemnités obligatoirement prévues. Tout dépend du contenu de l'accord !

Pour trouver le thème qui vous intéresse, consultez la table des matières en début de volume ou l'index alphabétique en fin de volume.

Le sort fiscal et social des indemnités			
Indemnités de rupture	**Impôt**	**Cotisations sociales**	**CSG et CRDS (après application d'un abattement de 5 % [3])**
Indemnités de licenciement ou de préretraite licenciement			
Hors plan social	Exonération dans la limite du plus élevé des trois montants suivants : - montant de l'indemnité de licenciement légal ou conventionnel ; - moitié de l'indemnité de licenciement perçue ; (1) - double de la rémunération brute perçue pendant l'année civile précédente (1)	Exonération dans la limite du plus élevé des trois montants suivants : - montant de l'indemnité de licenciement légal ou conventionnel ; - la moitié de l'indemnité de licenciement perçue ; (1) - double de la rémunération brute perçue pendant l'année civile précédente (1)	Exonération dans la limite du montant de l'indemnité de licenciement légale ou conventionnelle
En cas de plan social	Exonération totale	Exonération totale	Exonération dans la limite du montant de l'indemnité de licenciement légale ou conventionnelle
Indemnités de mise à la retraite par l'employeur hors plan social ou dans le cadre d'un plan social	Exonération dans la limite du plus élevé des trois montants suivants : - montant de l'indemnité de mise à la retraite légale ou conventionnelle ; - moitié de l'indemnité de mise à la retraite perçue ; (2) - double de la rémunération brute perçue pendant l'année civile précédente (2)	Exonération dans la limite du plus élevé des trois montants suivants : - montant de l'indemnité de mise à la retraite légale ou conventionnelle ; - moitié de l'indemnité de mise à la retraite perçue ; (2) - double de la rémunération brute perçue pendant l'année civile précédente (2)	Exonération dans la limite du montant de l'indemnité de mise à la retraite conventionnelle ou du montant de l'indemnité légale de licenciement ▶

Le sort fiscal et social des indemnités			
Indemnités de rupture	**Impôt**	**Cotisations sociales**	**CSG et CRDS (après application d'un abattement de 5 % 3)**
Indemnités de départ volontaire à la retraite			
Hors plan social	Exonération dans la limite de 3 050 €	Soumises à cotisations sociales comme un salaire	Soumises à CSG et CRDS
En cas de plan social	Exonération totale	Exonération totale	Exonération dans la limite du montant de l'indemnité conventionnelle ou légale
Indemnité de cessation d'activité (préretaite amiante)	Exonération totale	Exonération totale	Exonération totale

(1) La fraction exonérée de l'indemnité ne peut être supérieure à 360 000 € ; la part de l'indemnité de licenciement égale au montant de l'indemnité conventionnelle est totalement exonérée d'impôt même si elle est supérieure à la limite de 360 000 €.

(2) La fraction exonérée de l'indemnité ne peut être supérieure à 180 000 €.

(3) À compter du 1er janvier 2005, l'abattement sera de 3 %, loi n° 2004-810 du 13.8.2004 relative à l'assurance maladie, JO du 17.8.2004.

Les prélèvements sur les allocations			
Allocation de préretraite	**CRDS**	**Cotisations sociales (4)**	**CSG (1)**
- Allocation de chômage (1) - Allocation de préretraite totale (3) - Allocation de remplacement pour l'emploi (ARPE) - Allocation de préretraite amiante	0,5 % Exonération partielle ou totale si le fait de prélever la CRDS porte l'allocation à un montant inférieur au SMIC journalier soit : 40 € depuis le 1er juillet 2004 Exonération totale si vous n'êtes pas redevable de l'impôt ou si le revenu fiscal de référence de 2002 ne dépasse pas : - 7 046 € pour la première part de quotient familial ; - 8 928 € pour une part et demi ; - 10 810 € pour deux parts ; - 12 692 € pour deux parts et demi ; majoré de 1 882 € par demi-part supplémentaire (2)	3 % Exonération partielle ou totale si le fait de prélever la cotisation porte l'allocation (après déduction de la CRDS) à un montant inférieur au SMIC journalier (40 €)	6,2 % (5) Exonération partielle ou totale si le fait de prélever la cotisation porte l'allocation (après déduction de la CRDS) à un montant inférieur au SMIC journalier (40 €) Exonération totale si vous n'êtes pas redevable de l'impôt ou si le revenu fiscal de référence de 2002 ne dépasse pas : - 7 046 € pour la première part de quotient familial ; - 8 928 € pour une part et demi ; - 10 810 € pour deux parts ; - 12 692 € pour deux parts et demi ; majoré de 1 882 € par demi-part supplémentaire (2) Taux réduit à 3,8 % si le revenu fiscal de référence dépasse les plafonds indiqués ci-dessus mais que l'impôt dû est inférieur à 61 €
- le dispositif CATS	0,5 %	Exonération totale	6,2 % (5)

(1) La CSG et la CRDS sont calculées sur le montant brut de l'allocation après avoir opéré un abattement de 5 %. Cet abattement ne sera que de 3 % à compter du 1er janvier 2005, loi n° 2004-810 du 13.8.2004 relative à l'assurance maladie, JO du 17.8.2004.

(2) Le revenu fiscal de référence à prendre en compte est celui indiqué sur l'avis d'imposition que vous avez reçu à la fin de l'été 2003.

(3) Pour l'allocation de préretraite progressive afin de savoir si les cotisations ne font pas passer le montant du revenu en dessous du SMIC journalier on prend en compte le montant de l'allocation et le salaire.

(4) Vous en serez partiellement ou totalement exonéré si la déduction de cette cotisation fait passer l'allocation en dessous de la valeur minimale de l'allocation d'aide au retour à l'emploi soit 25,01 € par jour depuis le 1er juillet 2004.

(5) Le taux de la CSG est porté à 6,6 % au 1er janvier 2005, loi n° 2004-810 du 13.8.2004 relative à l'assurance maladie, JO du 17.8.2004.

MODÈLES

Modèles

Lettre de démission

À adresser en recommandé avec avis de réception ou remise contre décharge.

Coordonnées du salarié :
Nom
Prénoms
Adresse

Coordonnées du destinataire :
M. ....
Titre
Nom de la société
Adresse

À ....
Le ....

M. ....

Je vous informe par la présente de ma décision de démissionner.
Mon préavis, tel qu'il est prévu dans .... (mon contrat de travail, ou la convention collective) de .... (indiquer la durée) débutera le .... (indiquer la date présumée de présentation de la lettre à l'employeur).

Je vous prie d'agréer, M. ...., mes salutations distinguées.

Signature du salarié

Lettre de démission avec demande de dispense de préavis

À adresser en recommandé avec avis de réception ou remise contre décharge.

Coordonnées du salarié :
Nom
Prénoms
Adresse

Coordonnées du destinataire :
M. ....
Titre
Nom de la société
Adresse

À ....
Le ....

M. ....

Je vous informe par la présente de ma décision de démissionner.
Je sollicite de votre bienveillance l'autorisation de ne pas effectuer le préavis (1) de .... (indiquer la durée) prévu dans .... (mon contrat de travail ou la convention collective).
En effet, ... (indiquer les motifs de la demande). Je souhaiterais donc pouvoir quitter l'entreprise le .... (indiquer la date).

Je vous prie d'agréer, M. ...., mes salutations distinguées.

Signature du salarié

(1) ou de l'écourter, selon le cas.

Modèles

Recours contre une décision de l'ASSEDIC

Si vous considérez que la réglementation de l'assurance chômage vous a mal été appliquée, commencez toujours par une réclamation, à titre amiable. Il faut savoir que la plupart des contentieux sont ainsi réglés. Il vous faut vous adresser dans un premier temps à un agent de l'ASSEDIC. Si cela ne suffit pas vous pouvez soumettre votre problème par courrier au responsable de l'ASSEDIC régionale qui doit vous répondre dans les trente jours. Lorsque la position initiale est maintenue et que vous êtes toujours convaincu de votre bon droit, faites-le savoir à l'ASSEDIC régionale, toujours par courrier, qui communiquera alors votre dossier à l'UNEDIC. L'UNEDIC analysera votre demande et vous répondra dans les trente jours. Si sa réponse ne vous est toujours pas favorable, avant le recours en justice, vous avez la possibilité de saisir le Médiateur de la République dont le rôle est d'aider les particuliers à faire valoir leur droits vis-à-vis de toutes les administrations.
Mais attention, pour pouvoir le saisir, vous avez dû auparavant effectuer des démarches de contestation auprès de l'ASSEDIC. C'est pourquoi vous devez adresser tous vos courriers, au cours de la procédure amiable, en recommandé avec avis de réception pour garder les traces de vos tentatives de règlement amiable.

Attention

Vous ne pouvez pas faire appel au médiateur si vous avez déjà saisi la justice.

I – SAISINE DU MÉDIATEUR DE LA RÉPUBLIQUE

Vous pouvez vous adresser à un délégué départemental : pour connaître ses coordonnées adressez-vous à la préfecture ou sur le site Internet du médiateur : www.mediateur-de-la-république.fr.
Vous pouvez également saisir le médiateur par le biais d'un parlementaire.

Nom
Prénoms
Adresse

À ....
Le ....

M. .... le député ou M. .... le sénateur,

Veuillez trouver sous ce pli un dossier à transmettre au Médiateur de la République.
Un litige m'oppose à .... (désigner l'ASSEDIC concernée) et porte sur (exposer les raisons). Malgré l'envoi de plusieurs courriers de réclamation en date du ...., mes démarches sont restées infructueuses.

Je reste à votre disposition pour vous apporter toute information complémentaire et vous remercie de bien vouloir m'informer des suites réservées à cette affaire.

Je vous prie d'agréer, M. .... , mes salutations distinguées.

Signature du salarié

Il faut joindre à ce courrier, les copies des lettres que vous avez envoyées et de celles que vous avez reçues de l'ASSEDIC et de l'UNEDIC.

II – SAISINE DU TRIBUNAL

Votre demande porte sur un montant inférieur à 7 600 € (c'est généralement le cas) : vous devez saisir le tribunal d'instance.

Lorsque la demande ne dépasse pas 3 800 € vous pouvez même bénéficier d'une procédure simplifiée : la déclaration au greffe. Il vous suffit d'exposer par lettre simple l'objet du litige et de l'envoyer aux services administratifs du tribunal. Vous pouvez même vous rendre sur place pour remplir un formulaire prévu à cet effet. Dans le premier cas, la procédure vous coûtera le prix d'un timbre, dans le second rien du tout !

La déclaration doit indiquer vos nom, prénoms, profession et adresse ainsi que ceux de vos adversaires, l'objet de la demande avec un exposé rapide des motifs. L'argumentation ne sera à développer qu'oralement lors de l'audience.

Vous et l'ASSEDIC serez convoqués à une audience par le greffier par lettre recommandée avec avis de réception. Le juge entendra les arguments que les parties exposeront oralement et rendra sa décision ultérieurement, en général.

• Lorsque la demande dépasse 3 800 €, vous devez avoir recours à l'assignation qui n'est autre que la convocation de votre adversaire par huissier devant le tribunal (le coût de l'intervention de l'huissier est de l'ordre de 46 €). La présence d'un avocat n'est pas obligatoire. Si vous vous en passez, vous aurez à rédiger vous-même l'assignation, mais l'huissier vous y aidera. Après avoir évoqué l'objet du litige, vous devez indiquer les « moyens de droits » c'est-à-dire les textes sur lesquels vous vous appuyez pour votre demande. Il vous faut, enfin, établir précisément votre demande. L'huissier se mettra en relation avec le greffe pour déterminer la date de l'audience.

Si votre demande dépasse 7 600 €, vous devrez saisir le tribunal de grande instance : là vous devez obligatoirement procéder par assignation par acte d'huissier et vous faire représenter par un avocat.

TEXTES DE LOI

CONVENTION DU 1ER JANVIER 2004
relative à l'aide au retour à l'emploi et à l'indemnisation chômage
(AGRÉÉE PAR L'ARRÊTÉ DU 28 MAI 2004, *J.O.* DU 29 MAI 2004)

Article 1er. Indemnisation et aide au retour à l'emploi

§ 1er.

a) La présente convention définit un nouveau dispositif national interprofessionnel d'assurance chômage destiné à assurer un revenu de remplacement pendant une durée déterminée aux salariés involontairement privés d'emploi et favoriser leur retour à l'emploi.
b) Dans ce dispositif, indemnisation et aide au retour à l'emploi sont liées, chaque salarié privé d'emploi étant, à cet égard, engagé dans un plan d'aide au retour à l'emploi.
c) Le plan d'aide au retour à l'emploi rappelle les droits et obligations des demandeurs d'emploi éligibles à l'indemnisation résultant des dispositions légales et réglementaires, ainsi que les engagements de l'ANPE et de l'Unédic.
d) Dans ce dispositif, le demandeur d'emploi s'engage, dans le cadre d'un projet d'action personnalisé signé avec l'ANPE, en fonction de son degré d'autonomie en matière de recherche d'emploi, à participer :
- à l'évaluation de ses capacités professionnelles ;
- aux entretiens réguliers réalisés en vue d'un accompagnement personnalisé ;
- aux actions définies en commun dans un projet d'action personnalisé (PAP), et notamment formation-adaptation, qualifiante ou réorientation ;
- à effectuer des actes positifs de recherche d'emploi.

Le projet d'action personnalisé est transmis à l'Assédic qui le vise en vue de son suivi, dans le cadre de ses compétences.
À la présente convention est annexé le règlement général du régime d'assurance chômage dénommé « règlement ».

§ 2. Le retour à l'emploi des salariés privés d'emploi rencontrant des difficultés particulières de réinsertion peut être favorisé par l'attribution d'une aide dégressive à l'employeur, d'une durée maximale de 3 ans et dans la limite de la durée d'indemnisation, selon des modalités définies par un accord d'application.

§ 3. Le dispositif national interprofessionnel d'assurance chômage peut contribuer au financement de l'aide à la mobilité géographique des allocataires, à leur demande, en vue de faciliter et accélérer leur retour à l'emploi. Les modalités sont fixées par un accord d'application.

§ 4. Un accès privilégié aux contrats de qualification adultes est aménagé en faveur des salariés involontairement privés d'emploi ayant besoin d'acquérir une qualification favorisant le retour à l'emploi avec une prise en charge des coûts de formation correspondants par le régime d'assurance chômage.
Une convention est signée à cette fin entre le régime d'assurance chômage et l'organisme de péréquation des fonds des contrats d'insertion en alternance.

§ 5. En vue de l'application effective des dispositions de la présente convention :
a) Les employeurs doivent se mobiliser pour contribuer au développement de l'emploi. Ils veillent, dans ce cadre, à la bonne réussite du plan d'aide au retour à l'em-

ploi, ils informent les salariés perdant leur emploi de leurs nouveaux droits résultant de la présente convention et répondent aux demandes de l'Assédic.
Ils s'engagent également à communiquer à l'ANPE les offres d'emploi et les suites qui ont été données à leurs propositions d'embauche, l'Assédic en est informée.
Les branches s'engagent à communiquer à l'ANPE et à l'Unédic les résultats des études prévisionnelles de l'emploi, des qualifications et des compétences. Un bilan annuel est réalisé au niveau de chaque branche professionnelle, en liaison avec l'Unédic. L'ANPE est destinataire de ce bilan.
b) Dans le cadre de ses compétences, l'Assédic, concluant un plan d'aide au retour à l'emploi avec le demandeur d'emploi éligible à l'indemnisation, s'engage à mettre en œuvre tous les moyens favorisant le retour à l'emploi.
Elle suit la mise en œuvre des projets d'action personnalisés.
Elle veille à l'information et à l'application des droits des allocataires.
Elle répond dans les meilleurs délais aux demandes des allocataires.
Elle informe toutes les institutions concernées et recherche les partenariats nécessaires avec celles-ci, afin d'optimiser les services rendus aux demandeurs d'emploi.
Elle veille à ce que l'application des dispositions prévues par la présente convention tienne compte de la situation des personnes connaissant les plus grandes difficultés.
c) Dans le cadre de ses missions et du projet d'action personnalisé, l'ANPE propose au demandeur d'emploi des offres d'emploi et des mesures d'aide au retour à l'emploi.
d) Une convention de partenariat signée entre l'ANPE et l'Unédic fixe les modalités de mise en œuvre du dispositif.
e) Les dispositions des articles 5, 6 et 8 du protocole du 14 juin 2000 sont reconduites jusqu'au 31 décembre 2005.

§ 6. La qualité de l'accompagnement et du suivi des allocataires de l'assurance chômage permet d'accélérer le retour à l'emploi. Cette démarche doit être optimisée grâce à une collaboration approfondie entre les organes de gestion de l'assurance chômage, ceux de l'ANPE et ceux de l'APEC. Le système d'informations commun entre l'Unédic et l'ANPE sera renforcé.
Ceci doit conduire, en liaison avec les pouvoirs publics et les conseils régionaux, à la mise en place des moyens permettant d'identifier et de gérer l'ensemble de l'offre de formation aux allocataires du régime d'assurance chômage.
Les conventions signées entre l'Unédic, l'État et l'ANPE seront actualisées en conséquence.

Article 2. Contributions/ressources

§ 1er. Les contributions des employeurs et des salariés destinées à la couverture des dépenses relatives au régime d'assurance chômage sont assises sur les rémunérations limitées à 4 fois le plafond du régime général d'assurance vieillesse de la sécurité sociale visé à l'article L. 241-3 du code de la sécurité sociale. Elles respectent les dispositions de l'article 8 de la présente convention.
Le taux des contributions est fixé à 6,40 % réparti à raison de 4 % à la charge des employeurs et de 2,40 % à la charge des salariés.

§ 2. Une contribution supplémentaire est due au régime d'assurance chômage, par l'employeur, pour toute rupture du contrat de travail d'un salarié âgé de 50 ans ou plus ouvrant droit au versement de l'allocation de chômage prévue à l'article

L. 351-3 du code du travail, sous réserve des dispositions de l'article L. 321-13 de ce code.
Le montant de cette contribution est déterminé en fonction de l'âge de l'allocataire à la date de la fin de son contrat de travail et du salaire journalier de référence servant au calcul de l'allocation de chômage dans les conditions énoncées par le règlement annexé à la présente convention.

§ 3. Une contribution égale à un mois du salaire brut moyen des 12 derniers mois travaillés est due au régime d'assurance chômage par l'employeur qui procède au licenciement pour motif économique d'un salarié, sans lui proposer le bénéfice des mesures d'évaluation des compétences professionnelles et d'áccompagnement en vue de reclassement en application de l'article L. 321-4-2 du code du travail.

§ 4. Le recouvrement et la gestion des ressources de l'assurance chômage sont assurés par les institutions visées à l'article 5, § 3, de la présente convention.

Article 3. Champ d'application
Le régime d'assurance chômage s'applique sur le territoire métropolitain, dans les départements d'outre-mer et dans la collectivité territoriale de Saint-Pierre-et-Miquelon. Il s'applique aux salariés détachés ainsi qu'aux salariés expatriés, ressortissants de l'Union européenne, occupés par des entreprises entrant dans le champ d'application territorial de la convention.

Article 4. Annexes et accords d'application

§ 1er. La situation des catégories professionnelles particulières fait l'objet de protocoles annexés au règlement négociés entre organisations représentatives au plan national et interprofessionnel d'employeurs et de salariés ; ces protocoles sont dénommés « annexes ».

§ 2. Les conditions et/ou modalités de mise en œuvre des dispositions de la convention, du règlement et des annexes font l'objet d'accords d'application négociés entre les organisations représentatives au plan national et interprofessionnel d'employeurs et de salariés.

Article 5. Instances paritaires
§ 1er. Il est institué une Commission paritaire nationale comprenant deux représentants et autant de suppléants au titre de chacune des organisations de salariés et un nombre égal de représentants des organisations d'employeurs, signataires de la présente convention.
La commission délibère sur les questions relatives à l'interprétation du règlement.

§ 2. Il est constitué un Groupe paritaire national de suivi (GPNS) composé par les signataires de la présente convention à raison de deux représentants par organisation syndicale de salariés et un nombre égal de représentants des organisations d'employeurs et autant de suppléants.
Ce groupe veille à la mise en œuvre de la présente convention, aux modalités opérationnelles, aux partenariats nécessaires et au respect des enveloppes financières.
Le Groupe paritaire national de suivi :
- étudiera, si nécessaire, la possibilité d'instaurer des mesures d'accompagnement au dispositif de soutien à l'emploi des jeunes en entreprise instauré par la loi du 29 août 2002 (articles L. 322-4-6 à L. 322-4-6-5 du code du travail), notamment à travers des actions de formation spécifiques ;

- mettra, si nécessaire, à l'étude, les dispositifs favorisant la création d'entreprise et pouvant conduire à la prise en charge des mandataires sociaux salariés.
Il se réunira au moins une fois chaque année.

§ 3. La gestion du régime d'assurance chômage est confiée aux institutions qui ont été créées par l'article 5 de la convention du 31 décembre 1958 et maintenues par la convention du 24 février 1984 modifiée et par la convention du 22 mars 2001 relatives aux institutions.

Article 6. Durée et entrée en vigueur
La présente convention, conclue pour la période du 1er janvier 2004 au 31 décembre 2005, cessera de plein droit de produire ses effets à l'échéance de son terme, sous réserve de l'article 8.

Article 7. Fonds de régulation
Il est institué un fonds de régulation destiné à garantir la stabilité des prestations et des contributions dans les périodes de fluctuations conjoncturelles selon des modalités à définir par le bureau du conseil d'administration de l'Unédic.

Article 8. Clause de sauvegarde
Afin de vérifier que les dispositions de la présente convention s'inscrivent effectivement dans une perspective de redressement à moyen terme de l'équilibre du régime, les organisations représentatives au plan national et interprofessionnel d'employeurs et de salariés se réuniront avant la fin de l'exercice 2004 pour faire le point de l'évolution financière du régime d'assurance chômage et prendre la mesure des effets de comportement résultant de la modification des filières d'indemnisation.

Article 9. Financement de la mise en œuvre du PARE
Les partenaires sociaux décident d'affecter 1,830 milliard d'euros à la mise en œuvre du PARE. Cette somme sera affectée : à l'examen des capacités d'insertion professionnelle des demandeurs d'emploi et des salariés licenciés pour motif économique pendant leur délai congé, aux frais relatifs aux actions de formation permettant de renforcer les capacités professionnelles des demandeurs d'emploi et aux coûts de gestion administrative générés par la mise en œuvre du PARE.

Article 10. Mesures transitoires
Les dispositions de la présente convention, du règlement annexé et des annexes à ce règlement s'appliquent aux salariés involontairement privés d'emploi dont la fin de contrat de travail est postérieure au 31 décembre 2003. Cependant, l'article 27 du règlement annexé s'applique à tous les allocataires de l'assurance chômage quelle que soit la date de leur fin de contrat de travail.
Par ailleurs, les salariés involontairement privés d'emploi âgés de 50 ans ou plus à la fin du contrat de travail, compris dans une procédure de licenciement engagée antérieurement à la date du 1er janvier 2003, restent régis, concernant les durées d'indemnisation, par les dispositions en vigueur au 31 décembre 2002, dès lors qu'ils étaient susceptibles de bénéficier, à la fin de leur contrat de travail, de l'une des durées d'indemnisation prévue par l'article 12, § 1er *d*, 2e alinéa, ou *e*, du règlement ou de ses annexes telles que prévues par la convention du 1er janvier 2001 dans sa rédaction antérieure à l'avenant n° 5 dudit règlement.
L'engagement de la procédure correspond soit :

- à la date de l'entretien préalable visé à l'article L. 122-14 du code du travail ;
- à la date de présentation de la lettre de convocation à la première réunion des instances représentatives du personnel, dans le cadre du livre IV du code du travail.

Article 11. Dépôt
La présente convention est déposée en cinq exemplaires à la direction départementale du travail, de l'emploi et de la formation professionnelle de Paris.

RÈGLEMENT ANNEXÉ À LA CONVENTION DU 1er JANVIER 2004

relative à l'aide au retour à l'emploi et à l'indemnisation du chômage

TITRE Ier – L'ALLOCATION D'AIDE AU RETOUR À L'EMPLOI

Chapitre premier - Bénéficiaires

Article 1er.

§ 1er. Le régime d'assurance chômage assure un revenu de remplacement dénommé allocation d'aide au retour à l'emploi, pendant une durée déterminée, aux salariés involontairement privés d'emploi qui remplissent des conditions d'activité désignées périodes d'affiliation, ainsi que des conditions d'âge, d'aptitude physique, de chômage, d'inscription comme demandeur d'emploi, de recherche d'emploi.

§ 2. Le demandeur de l'allocation d'aide au retour à l'emploi est soutenu dans ses efforts de recherche d'emploi dans le cadre d'un plan d'aide au retour à l'emploi (PARE).

§ 3. Le versement des allocations et l'accès aux services prévus par le présent règlement sont consécutifs à la signature du plan d'aide au retour à l'emploi.

Article 2.

Sont involontairement privés d'emploi ou assimilés les salariés dont la cessation du contrat de travail résulte :
- d'un licenciement ;
- d'une fin de contrat de travail à durée déterminée ;
- d'une démission considérée comme légitime, dans les conditions fixées par délibération de la Commission paritaire nationale ;
- d'une rupture de contrat de travail résultant de l'une des causes énoncées à l'article L. 321-1 du code du travail.

Chapitre 2 - Conditions d'attribution

Article 3.

Les salariés privés d'emploi doivent justifier de périodes d'affiliation correspondant à des périodes d'emploi accomplies dans une ou plusieurs entreprises entrant dans le champ d'application du régime d'assurance chômage.

Les périodes d'affiliation sont les suivantes :

a) 182 jours d'affiliation ou 910 heures de travail au cours des 22 mois qui précèdent la fin du contrat de travail (terme du préavis) ;

b) 426 jours d'affiliation ou 2 123 heures de travail au cours des 24 mois qui précèdent la fin du contrat de travail (terme du préavis) ;

c) 821 jours d'affiliation ou 4 095 heures de travail au cours des 36 mois qui précèdent la fin du contrat de travail (terme du préavis).

Les périodes de suspension du contrat de travail sont retenues à raison d'une journée d'affiliation par journée de suspension ou, lorsque la durée d'affiliation est calculée en heures, à raison de 5 heures de travail par journée de suspension.

Toutefois ne sont pas prises en compte les périodes de suspension du contrat de travail donnant lieu à l'exercice d'une activité professionnelle exclue du champ d'application du régime, à l'exception de celle exercée dans le cadre des articles L. 122-32-12 et L. 122-32-17 du code du travail.

Article 4.

Les salariés privés d'emploi justifiant de l'une des périodes d'affiliation prévues à l'article 3 doivent :

a) être inscrits comme demandeur d'emploi ;

- ou accomplir une action de formation inscrite dans le projet d'action personnalisé ;

b) être à la recherche effective et permanente d'un emploi ;

c) être âgés de moins de 60 ans ; toutefois, les personnes qui, lors de leur 60e anniversaire, ne justifient pas du nombre de trimestres d'assurance requis au sens des articles L. 351-1 à L. 351-5 du code de la sécurité sociale (tous régimes confondus), pour percevoir une pension à taux plein, peuvent bénéficier des allocations jusqu'à justification de ce nombre de trimestres et, au plus tard, jusqu'à l'âge de 65 ans.

De plus, les salariés privés d'emploi qui relèvent du régime de la Caisse autonome nationale de sécurité sociale dans les mines (CAN) ne doivent être :

- ni titulaires d'une pension de vieillesse liquidée par la CAN dite « pension normale », ce qui suppose au moins 120 trimestres validés comme services miniers ;
- ni bénéficiaires d'un régime dit de raccordement assurant pour les mêmes services un complément de ressources destiné à être relayé par les avantages de retraite ouverts, toujours au titre des services en cause, dans les régimes complémentaires de retraite faisant application de la convention collective nationale du 14 mars 1947 et de l'accord du 8 décembre 1961 ;

d) être physiquement aptes à l'exercice d'un emploi ;

e) n'avoir pas quitté volontairement, sauf cas prévus par délibération de la Commission paritaire nationale, leur dernière activité professionnelle salariée, ou une activité professionnelle salariée autre que la dernière dès lors que, depuis le départ volontaire, il ne peut être justifié d'une période d'affiliation d'au moins 91 jours ou d'une période de travail d'au moins 455 heures ;

f) résider sur le territoire relevant du champ d'application du régime d'assurance chômage visé à l'article 3 de la convention.

Article 5.

En cas de licenciement pour fermeture définitive d'un établissement, les salariés mis en chômage total de ce fait sont dispensés de remplir la condition de l'article 3 (a).

Article 6.

Dans le cas de réduction ou de cessation d'activité d'un établissement, les salariés en chômage total de ce fait depuis au moins 28 jours, sans que leur contrat de travail ait été rompu, peuvent être admis au bénéfice des allocations selon la procédure définie par la Commission paritaire nationale.

Toutefois, si au cours de l'année civile les intéressés ont été indemnisés en application d'une convention à caractère professionnel ou d'un accord intervenu dans le cadre des articles L. 352-1 et suivants du code du travail, pour un nombre d'heures de chômage partiel au moins égal au contingent indemnisable visé à l'article R. 351-50, alinéa 3, du code du travail et fixé par arrêté ministériel, pour la profession dont ils dépendent au moment de leur cessation d'activité, l'admission peut être prononcée sans qu'il y ait lieu d'exiger 28 jours de chômage continu.

Article 7.
Lors de la recherche des conditions fixées à l'article 3 :
- les actions de formation visées au livre IX du code du travail, à l'exception de celles rémunérées par le régime d'assurance chômage, sont assimilées à des heures de travail ou, à raison de 5 heures, à des jours d'affiliation dans la limite des 2/3 du nombre de jours ou d'heures fixé à l'article 3, soit :
• 120 jours ou 600 heures ;
• 280 jours ou 1 400 heures ;
• 540 jours ou 2 700 heures ;
- le dernier jour du mois de février est compté pour 3 jours d'affiliation ou 15 heures de travail.

Article 8.
§ 1er. La fin du contrat de travail prise en considération pour l'ouverture des droits doit se situer dans un délai de 12 mois dont le terme est l'inscription comme demandeur d'emploi.

§ 2. La période de 12 mois est allongée :
a) des journées d'interruption de travail ayant donné lieu au service des prestations en espèces de l'assurance maladie, des indemnités journalières de repos de l'assurance maternité au titre des assurances sociales, des indemnités journalières au titre d'un congé de paternité, des indemnités journalières au titre d'un accident de travail ou d'une maladie professionnelle ;
b) des périodes durant lesquelles une pension d'invalidité de 2e ou 3e catégorie au sens de l'article L. 341-4 du code de la sécurité sociale, ou au sens de toute autre disposition prévue par les régimes spéciaux ou autonomes de sécurité sociale, ou d'une pension d'invalidité acquise à l'étranger a été servie ;
c) des périodes durant lesquelles ont été accomplies des obligations contractées à l'occasion du service national, en application de l'article L. 111-2, premier et deuxième alinéas, du code du service national ;
d) des périodes de stage de formation professionnelle continue visée au livre IX du code du travail ;
e) des périodes durant lesquelles l'intéressé a fait l'objet d'une mesure d'incarcération qui s'est prolongée au plus 3 ans après la rupture du contrat de travail survenue pendant la période de privation de liberté ;
f) des périodes suivant la rupture du contrat de travail intervenue dans les conditions définies à l'article L. 122-28 du code du travail lorsque l'intéressé n'a pu être réembauché dans les conditions prévues par cet article ;
g) des périodes de congé parental d'éducation obtenu dans les conditions fixées par l'article L. 122-28-1 du code du travail, lorsque l'intéressé a perdu son emploi au cours de ce congé ;
h) des périodes de congé pour la création d'entreprise ou de congé sabbatique obtenus dans les conditions fixées par les articles L. 122-32-12 et suivants et L. 122-32-17 et suivants du code du travail ;
i) de la durée des missions confiées par suffrage au titre d'un mandat électif, politique ou syndical exclusif d'un contrat de travail ;
j) des périodes de versement de l'allocation parentale d'éducation suite à une fin de contrat de travail ;

k) des périodes de congés d'enseignement ou de recherche obtenus dans les conditions fixées par l'article L. 931-28 du code du travail, lorsque l'intéressé a perdu son emploi au cours de ce congé ;
l) de la durée des missions de volontariat pour la solidarité internationale ;
m) des périodes de versement de l'allocation de présence parentale suite à une fin de contrat de travail ;
n) des périodes de congé de présence parentale obtenu dans les conditions fixées par l'article L. 122-28-9 du code du travail, lorsque l'intéressé a perdu son emploi au cours de ce congé.

§ 3. La période de 12 mois est en outre allongée des périodes durant lesquelles l'intéressé :
a) a assisté un handicapé :
- dont l'incapacité permanente était telle qu'il percevait - ou aurait pu percevoir, s'il ne recevait pas déjà à ce titre un avantage de vieillesse ou d'invalidité - l'allocation aux adultes handicapés visée par l'article L. 821-1 du code de la sécurité sociale ;
- et dont l'état nécessitait l'aide effective d'une tierce personne justifiant l'attribution de l'allocation compensatrice visée à l'article L. 245-1 du code de l'action sociale et des familles ;
b) a été conduit à démissionner pour accompagner son conjoint qui s'était expatrié pour occuper un poste de salarié ou une fonction non salariée hors du territoire français.
L'allongement prévu dans les cas visés au présent paragraphe est limité à 3 ans.

§ 4. La période de 12 mois est en outre allongée :
a) des périodes de congé obtenu pour élever un enfant en application de dispositions contractuelles ;
b) des périodes durant lesquelles l'intéressé a créé ou repris une entreprise.
L'allongement prévu dans les cas visés au présent paragraphe est limité à 2 ans.

Article 9.
La fin du contrat de travail prise en considération pour l'ouverture des droits est en principe celle qui a mis un terme à la dernière activité exercée par l'intéressé dans une entreprise relevant du champ d'application du régime d'assurance chômage.
Toutefois, le salarié qui n'a pas quitté volontairement sa dernière activité professionnelle salariée dans les conditions définies à l'article 4 (e) et qui ne justifie pas, au titre de cette fin de contrat de travail, des conditions visées à l'article 3 peut bénéficier d'une ouverture de droits s'il est en mesure de justifier que les conditions requises se trouvaient satisfaites au titre d'une fin de contrat de travail antérieure qui s'est produite dans le délai visé à l'article 8.

Article 10
§ 1er. L'ouverture d'une nouvelle période d'indemnisation ou réadmission est subordonnée à la condition que le salarié satisfasse aux conditions précisées aux articles 3 et 4 au titre d'une ou plusieurs activités exercées postérieurement à la fin du contrat de travail précédemment prise en considération pour l'ouverture des droits.
Seules sont prises en considération les activités qui ont été déclarées chaque mois à terme échu dans les conditions définies par un accord d'application.

§ 2. Le salarié privé d'emploi qui a cessé de bénéficier du service des allocations, alors que la période d'indemnisation précédemment ouverte n'était pas épuisée, et qui n'a pas acquis de nouveaux droits en application du § 1er ci-dessus, bénéficie d'une reprise de ses droits, c'est-à-dire du reliquat de cette période d'indemnisation, après application, le cas échéant, de l'article 13 (§ 1er et § 2) dès lors que :
a) le temps écoulé depuis la date d'admission à la période d'indemnisation considérée n'est pas supérieur à la durée de cette période augmentée de 3 ans de date à date ;
b) il n'a pas renoncé volontairement à la dernière activité professionnelle salariée éventuellement exercée, sauf cas prévus par délibération de la Commission paritaire nationale. Cette condition n'est toutefois pas opposable aux salariés privés d'emploi qui peuvent recevoir le reliquat d'une période d'indemnisation leur donnant droit au service des allocations jusqu'à l'âge où ils ont droit à la retraite et au plus tard jusqu'à 65 ans.

§ 3. En cas de réadmission, il est procédé à une comparaison entre le montant global du reliquat des droits ouverts au titre de la précédente admission et le montant global des droits ouverts au titre de la nouvelle admission.
Le montant global le plus élevé est accordé.

Article 11.
Les dispositions de l'article 10 (§ 1er et § 3) ne s'appliquent aux salariés privés d'emploi qui ont repris une activité pendant une période d'admission ouverte à la suite d'une fin de contrat de travail survenue à l'âge de 57 ans ou postérieurement que s'ils en font expressément la demande.
Sauf dans ce cas, le service des allocations est repris dans les mêmes conditions que pendant la période d'indemnisation précédente.

Chapitre 3 - Durées d'indemnisation

Section 1 - Détermination des durées

Article 12.
§ 1er. Les durées d'indemnisation sont déterminées en fonction :
- des périodes d'affiliation visées à l'article 3 ;
- de l'âge du salarié privé d'emploi à la date de la fin de contrat de travail (terme du préavis) retenue pour l'ouverture des droits.

Les durées d'indemnisation sont les suivantes :
a) 213 jours lorsque le salarié privé d'emploi remplit la condition de l'article 3 (a) ;
b) 700 jours lorsque le salarié privé d'emploi remplit la condition de l'article 3 (b) ;
c) 1 095 jours pour le salarié privé d'emploi âgé de 50 ans et plus, lorsqu'il remplit la condition de l'article 3 (c) ;
d) 1 277 jours pour le salarié privé d'emploi âgé de 57 ans et plus, lorsqu'il remplit la condition de l'article 3 (c) et justifie de 100 trimestres validés par l'assurance vieillesse au sens des articles L. 351-1 à L. 351-5 du code de la sécurité sociale.

§ 2. Les salariés privés d'emploi admis au bénéfice de l'allocation d'aide au retour à l'emploi dans les conditions prévues par l'article 6 peuvent être indemnisés à ce titre pendant 182 jours au plus.

Toutefois, lorsque la suspension de l'activité de l'entreprise est imputable à un sinistre ou à une calamité naturelle, l'indemnisation peut se poursuivre sous réserve des durées fixées au § 1er ci-dessus, jusqu'à la date prévue de la reprise d'activité de l'entreprise.
En cas de rupture du contrat de travail, les allocations versées au titre de ce paragraphe s'imputent sur les durées d'indemnisation énoncées au § 1er.

§ 3. Par exception au § 1er ci-dessus, les allocataires âgés de 60 ans continuent d'être indemnisés jusqu'aux limites d'âge prévues à l'article 34 (d) s'ils remplissent les conditions ci-après :
- être en cours d'indemnisation depuis un an au moins ;
- avoir appartenu pendant au moins 12 ans à un ou plusieurs régimes de sécurité sociale au titre d'emplois salariés relevant du champ d'application du régime d'assurance chômage, ou de périodes assimilées à ces emplois ;
- justifier de 100 trimestres validés par l'assurance vieillesse au titre des articles L. 351-1 à L. 351-5 du code de la sécurité sociale ;
- justifier soit d'une année continue, soit de 2 années discontinues d'appartenance dans une ou plusieurs entreprises au cours des 5 années précédant la fin du contrat de travail.

Toutefois, sont soumis à la commission paritaire de l'Assédic les dossiers des allocataires :
- dont la fin du contrat de travail est intervenue par suite de démission ;
- dont le licenciement est intervenu pendant la durée d'application d'une convention FNE.

Textes de loi

Section 2 - Notification des durées

Article 12-1.
Pour tous les allocataires, sauf ceux visés à l'article R. 351-26 du code du travail, l'allocation d'aide au retour à l'emploi est accordée par périodes de 182 jours renouvelables dans la limite des durées visées à l'article 12.
Le renouvellement de l'allocation d'aide au retour à l'emploi par périodes de 182 jours est accordé aux allocataires qui continuent de remplir les conditions d'attribution visées à l'article 4.

Article 13.
§ 1er. Dans le cas de participation à des actions de formation rémunérées par l'État ou les régions, conformément à l'article L. 351-3 du code du travail, les périodes d'indemnisation fixées par l'article 12 (§ 1er, *c* et *d*) sont réduites à raison de la moitié de la durée de formation. Pour les allocataires qui, à la date de l'entrée en stage, pouvaient encore prétendre à une durée de droits supérieure à un mois, la réduction ne peut conduire à un reliquat de droits inférieur à 30 jours.

§ 2. Les périodes d'indemnisation fixées à l'article 12 (§ 1er) sont réduites en cas d'activité non déclarée à terme échu dans les conditions définies par un accord d'application.

Pour trouver le thème qui vous intéresse, consultez la table des matières en début de volume ou l'index alphabétique en fin de volume.

Textes de loi

Chapitre 4 - Le plan d'aide au retour à l'emploi

Section 1 - Objet

Article 14.

§ 1er. Le soutien apporté à chaque allocataire en vue de son retour à l'emploi donne lieu à des engagements du régime d'indemnisation et du demandeur d'emploi éligible à l'indemnisation. Ces engagements sont formalisés dans un plan d'aide au retour à l'emploi signé par le salarié privé d'emploi et l'Assédic, lors de la demande d'inscription comme demandeur d'emploi.

Ce plan rappelle les droits et obligations du salarié privé d'emploi résultant des dispositions légales et réglementaires en matière de recherche d'emploi. Il précise :

- l'aide apportée au salarié privé d'emploi pour qu'il retrouve un emploi, dans le cadre d'un projet d'action personnalisé (PAP) élaboré selon des modalités définies par la convention signée entre l'Unédic et l'ANPE qui détermine notamment les modalités d'information et de collaboration des deux organismes ;
- les engagements du demandeur d'emploi mis en œuvre dans le cadre de la démarche de recherche active d'emploi, et notamment celui de se présenter à un entretien approfondi à l'ANPE, au plus tard dans le mois suivant la signature du plan d'aide au retour à l'emploi, dans les conditions précisées par la convention de partenariat signée entre l'Unédic et l'ANPE.

Cet entretien approfondi est préalable à l'établissement du projet d'action personnalisé.

§ 2. L'entretien approfondi est l'occasion d'apprécier le degré d'autonomie du demandeur d'emploi dans sa recherche, de procéder à un examen de l'ensemble des capacités professionnelles du salarié privé d'emploi qui risque de rencontrer des difficultés sérieuses de retour à l'emploi. Cet examen est notamment destiné à faire le point sur ses qualifications et à comparer ces éléments aux offres disponibles ou potentielles du marché du travail.

Le salarié privé d'emploi peut également solliciter un tel examen. Les résultats de cet examen sont confidentiels.

Section 2 - Projet d'action personnalisé

Article 15.

Le projet d'action personnalisé définit les mesures d'accompagnement individualisées qui permettront au salarié privé d'emploi de retrouver un emploi. Le projet d'action personnalisé tient compte du degré d'autonomie du demandeur d'emploi dans sa recherche. Après son établissement, il est signé par l'intéressé et l'ANPE. Il est communiqué à l'Assédic pour l'application des dispositions du § 1er de l'article 16.

Ce projet détermine :

- les types d'emplois qui correspondent effectivement à ses qualifications validées, à ses capacités professionnelles et rétribuées à un taux de salaire normalement pratiqué dans la profession et la région, dans lesquelles il oriente ses recherches en priorité ;
- les types d'emploi vers lesquels il souhaiterait éventuellement se reconvertir ;
- les prestations ou formation qualifiante, diplômante ou d'adaptation, de réorientation qui seront nécessaires pour qu'il accède à un emploi conforme à ce

projet. À cet égard, priorité devra être donnée à une formation réalisée dans le cadre d'un contrat de travail.
Dans le cadre de la mission générale de l'Unédic et des Assédic, telle que définie à l'article 1er de la convention, l'Assédic est informée de la réalisation des actes et prestations prévus.

Article 16.
§ 1er. Les modalités du suivi des entretiens périodiques relatifs à la situation des allocataires sont fixées par une convention de partenariat conclue entre l'État, l'Unédic et l'ANPE. Les solutions les mieux adaptées sont recherchées pour les allocataires rencontrant des difficultés particulières de retour à l'emploi.

§ 2. Le salarié privé d'emploi bénéficie de l'allocation d'aide au retour à l'emploi à laquelle il a été admis s'il continue à remplir ses obligations en matière de recherche d'emploi conformément aux articles L. 351-16, R. 351-27 du code du travail, 4 (b) du règlement, et rappelées par le plan d'aide au retour à l'emploi, à l'article 14.

§ 3. À cet égard, le salarié privé d'emploi doit effectuer des actes positifs de recherche d'emploi. Il doit, en conséquence, être disponible et s'impliquer réellement dans la démarche de retour à l'emploi et les actions de formation ou autres prestations qui lui sont éventuellement proposées dans le cadre de son projet d'action personnalisé.
Il est tenu de se présenter :
- à l'examen des capacités professionnelles ou à toute autre action d'évaluation éventuellement demandée ;
et
- aux entretiens périodiques prévus par le projet d'action personnalisé.
Il a accès au dossier qui fait le point de sa situation.
Indépendamment de ses recherches personnelles, il donne suite aux offres d'emploi qui lui sont proposées correspondant à ses capacités professionnelles et à ses qualifications résultant de ses diplômes, de ses acquis et de son expérience professionnelle, dès lors que ces offres sont conformes au projet d'action personnalisé ou oppose un refus légitime. Les emplois offerts doivent être compatibles avec sa spécialité ou sa formation antérieure, ses possibilités de mobilité géographique compte tenu de sa situation personnelle et familiale et rétribués à un taux de salaire normalement pratiqué dans la profession et la région.
Si le salarié privé d'emploi s'est engagé dans une procédure personnelle et validée de recherche d'emploi, cette procédure est considérée comme répondant à ses engagements.
S'il accepte un emploi dans un autre bassin d'emploi que celui dans lequel il était occupé, une aide spécifique peut lui être accordée pour faciliter sa mobilité, en application de l'article 44.

Article 17.
§ 1er. Si dans les 6 mois suivant la signature du plan d'aide au retour à l'emploi, et dans la limite de la durée des droits, le salarié privé d'emploi n'a pas retrouvé un emploi ou si aucune proposition d'embauche :
- correspondant à ses capacités professionnelles, à ses qualifications résultant de ses diplômes, de ses acquis et de son expérience professionnelle ;

- compatible avec ses possibilités de mobilité géographique compte tenu de sa situation personnelle et familiale ;
- rétribuée à un taux de salaire normalement pratiqué dans la profession et la région,

ne lui a été offerte, dans le cadre du projet d'action personnalisé, l'ANPE procède, avec le demandeur d'emploi, à l'actualisation du projet d'action personnalisé. Cette actualisation est transmise à l'Assédic dans les conditions prévues à l'article 1er de la convention.

Le nouveau projet d'action personnalisé doit permettre le reclassement effectif du bénéficiaire.

Le cas échéant, un bilan de compétences approfondi est proposé à l'intéressé.

§ 2. Pendant une nouvelle période de 6 mois, dans la limite de la durée des droits, l'allocation est maintenue. En contrepartie, le salarié privé d'emploi doit répondre aux propositions d'embauche :

- qui entrent dans le champ de ses capacités professionnelles, de ses qualifications résultant de ses diplômes, de ses acquis et de son expérience professionnelle ;
- compatibles avec ses possibilités de mobilité géographique compte tenu de sa situation personnelle et familiale ;
- rétribuées à un taux de salaire normalement pratiqué dans la profession et la région,

conformément au projet d'action personnalisé, ainsi qu'à toute action de formation, de reconversion, de qualification, préconisée lors de l'actualisation du projet d'action personnalisé.

§ 3. Si au-delà de 12 mois suivant la date de signature du plan d'aide au retour à l'emploi et dans la limite de la durée des droits, il n'a pas été possible de proposer à l'allocataire l'emploi recherché, l'ANPE doit accentuer ses efforts pour reclasser l'intéressé ou favoriser son insertion professionnelle et veiller à lui faire acquérir l'expérience professionnelle nécessaire à une embauche compatible avec son niveau de qualification professionnelle, sa formation antérieure ou son projet de reconversion. Cet emploi est normalement rétribué.

À cet effet, une aide dégressive peut être versée par l'Assédic à l'employeur dans les conditions prévues à l'article 43.

Pour les allocataires âgés de 50 ans et plus, le délai de 12 mois visé à l'alinéa 1er est réduit à 3 mois.

§ 4. Si au terme de toutes ces démarches, l'allocataire n'a toujours pas retrouvé un emploi, ses allocations sont maintenues dans la limite de la durée des droits.

Section 3 - Exécution du projet d'action personnalisé

Article 18.

L'Assédic examine, sur la base des informations recueillies notamment auprès de l'ANPE ou en liaison avec cette dernière, les conditions de réalisation des engagements pris par l'allocataire dans le cadre du projet d'action personnalisé.

Si les conclusions de l'examen sont positives, l'allocataire est invité à poursuivre son action conformément aux prescriptions retenues pour la suite de la réalisation de son projet d'action personnalisé. De nouvelles mises au point ont lieu jusqu'à l'aboutissement de l'action de retour à l'emploi.

Article 19.
Le droit à l'allocation d'aide au retour à l'emploi s'éteint lorsque l'allocataire :

§ 1er. - oppose, sans motif légitime, un des refus prévus aux articles L. 351-17 et R. 351-28 du code du travail ;
- ne justifie pas de l'accomplissement d'actes positifs de recherche d'emploi tels que le stipulent les articles R. 351-27 et R. 351-28 du code du travail ;
- a fait des déclarations inexactes ou présenté des attestations mensongères en vue de percevoir indûment les allocations ou a, en toute connaissance de cause, perçu indûment des allocations.

§ 2. - refuse, sans motif légitime :
- de suivre une action de formation prévue aux 1° et 3° à 6° de l'article L. 900-2 du code du travail ;
- de répondre aux convocations des services ou organismes compétents ;
- ou de se soumettre à une visite médicale des services médicaux de main-d'œuvre destinée à vérifier son aptitude au travail ou à certains types d'emploi.

Article 20.
§ 1er. Le refus opposé, sans motif légitime, par l'allocataire, dans l'une des situations visées à l'article 19, peut entraîner l'exclusion temporaire ou définitive du revenu de remplacement.
La convention de partenariat visée à l'article 16 (§ 1er) précise les modalités selon lesquelles l'Assédic participe à l'instruction des dossiers.

§ 2. Lorsque, sans motif légitime, l'allocataire ne se présente pas à un entretien auquel il est convoqué, l'Assédic lui adresse une nouvelle convocation par lettre recommandée avec accusé de réception l'informant qu'elle peut suspendre le versement de ses allocations s'il ne se présente pas à cette nouvelle convocation.
Lorsque, sans motif légitime, l'allocataire invité à fournir des pièces justificatives ne les envoie pas, l'Assédic lui adresse une lettre recommandée avec accusé de réception l'informant qu'elle peut suspendre le versement de ses allocations s'il ne lui envoie pas les pièces dans les quinze jours.
Si l'allocataire ne se présente pas à la nouvelle convocation ou ne fournit pas les pièces justificatives dans le délai imparti, l'Assédic transmet immédiatement le dossier à l'autorité administrative compétente et procède à la suspension du versement des allocations à titre conservatoire.
Si l'autorité administrative décide le maintien du bénéfice du revenu de remplacement, le paiement des allocations est repris à compter de la date d'effet de la suspension.
Si l'autorité administrative décide d'exclure l'allocataire du bénéfice du revenu de remplacement, la décision d'exclusion se substitue à la mesure conservatoire de suspension.
Si, après transmission du dossier à l'autorité administrative, l'allocataire produit les pièces justificatives permettant de régulariser sa situation, le paiement des allocations est repris à compter de la date d'effet de la suspension.

§ 3. En cas de doute sur la réalité de la recherche d'emploi ou sur la volonté de l'allocataire de suivre une formation prévue par le projet d'action personnalisé, l'Assédic saisit l'autorité administrative compétente pour l'application du paragraphe premier du présent article.
Le délai selon lequel l'autorité administrative statue et transmet sa décision à l'Assédic est fixé par la convention visée au § 1er du présent article.

§ 4. Le Groupe paritaire national de suivi visé à l'article 5 (§ 2) de la convention du 1er janvier 2004 examine régulièrement les modalités et les résultats d'application de ces dispositions.

Section 4 - Mesures applicables en cas de licenciement pour motif économique

Article 20-1.

§ 1er. Afin de mobiliser les prestations et les actions d'aide au retour à l'emploi prévues par le PARE dans les meilleurs délais, la mise en œuvre du projet d'action personnalisé peut, à partir de la date d'entrée en vigueur du présent dispositif, être anticipée au bénéfice de salariés licenciés pour motif économique non concernés par un congé de reclassement et justifiant de la condition d'affiliation prévue à l'article 3.

À cet effet, les salariés licenciés pour motif économique sont informés, par l'employeur, de la faculté qui leur est donnée de bénéficier, dans le délai de 30 jours suivant la notification du licenciement, d'un entretien individuel relatif à l'examen de leurs capacités professionnelles suivi, si nécessaire, d'un bilan de compétences approfondi. Ce bilan peut être réalisé durant le délai congé du salarié.

L'information des salariés est réalisée par la remise, par l'employeur, d'un document d'information dont le modèle est établi par l'Unédic. Ce document est délivré aux salariés concernés lors de l'entretien prévu à l'article L. 122-14 du code du travail ou à l'issue de la dernière réunion des instances représentatives du personnel compétentes.

§ 2. A compter de la date de la notification du licenciement, le salarié dispose d'un délai de 8 jours pour accepter de bénéficier des services qui lui ont été proposés. Son acceptation donne lieu à l'établissement d'un bulletin d'acceptation et d'une demande destinée à l'Assédic comportant, en tant que de besoin au terme du délai congé, demande d'allocations d'aide au retour à l'emploi et signature du PARE. En l'absence de retour à l'emploi au terme du délai de congé, les bénéficiaires poursuivent l'exécution de leur projet d'action personnalisé en qualité de demandeur d'emploi.

§ 3. Les salariés licenciés pour motif économique ayant accepté de bénéficier de la mise en œuvre anticipée de leur projet d'action personnalisé au cours de leur délai congé et n'ayant pas retrouvé un emploi sont admis à bénéficier de l'allocation d'aide au retour à l'emploi à compter du lendemain de la fin de leur contrat de travail, le point de départ du versement de l'allocation étant fixé conformément à l'article 32.

Chapitre 5 - Détermination de l'allocation journalière

Section 1 - Salaire de référence

Article 21.

§ 1er. Le salaire de référence pris en considération pour fixer le montant de la partie proportionnelle de l'allocation journalière est établi, sous réserve de l'article 22, à partir des rémunérations des 12 mois civils précédant le dernier jour de travail payé à l'intéressé entrant dans l'assiette des contributions, dès lors qu'elles n'ont pas déjà servi pour un précédent calcul.

§ 2. Le salaire de référence ainsi déterminé ne peut dépasser la somme des salaires mensuels plafonnés conformément à l'article 55 du règlement et compris dans la période de référence.

Article 22.

§ 1er. Sont prises en compte dans le salaire de référence les rémunérations qui, bien que perçues en dehors de l'une des périodes visées au précédent article, sont néanmoins afférentes à cette période.

Sont exclues, en tout ou partie dudit salaire, les rémunérations perçues pendant ladite période, mais qui n'y sont pas afférentes.

En conséquence, les indemnités de 13e mois, les primes de bilan, les gratifications perçues au cours de cette période ne sont retenues que pour la fraction afférente à ladite période.

Les salaires, gratifications, primes, dont le paiement est subordonné à l'accomplissement d'une tâche particulière ou à la présence du salarié à une date déterminée, sont considérés comme des avantages dont la périodicité est annuelle.

§ 2. Sont exclues les indemnités de licenciement, de départ, les indemnités compensatrices de congés payés, les indemnités de préavis ou de non-concurrence, toutes sommes dont l'attribution trouve sa seule origine dans la rupture du contrat de travail ou l'arrivée du terme de celui-ci, les subventions ou remises de dettes qui sont consenties par l'employeur dans le cadre d'une opération d'accession à la propriété de logement.

D'une manière générale, sont exclues toutes sommes qui ne trouvent pas leur contrepartie dans l'exécution normale du contrat de travail.

§ 3. Le revenu de remplacement est calculé sur la base de la rémunération habituelle du salarié.

Ainsi, si dans la période de référence sont comprises des périodes de maladie, de maternité ou, d'une manière plus générale, des périodes de suspension du contrat de travail n'ayant pas donné lieu à une rémunération normale, ces rémunérations ne sont pas prises en compte dans le salaire de référence.

Les majorations de rémunérations, intervenues pendant la période de référence servant au calcul du revenu de remplacement, sont prises en compte dans les conditions et limites prévues par un accord d'application.

§ 4. Le salaire journalier moyen de référence est égal au quotient du salaire de référence défini ci-dessus par le nombre de jours d'appartenance au titre desquels ces salaires ont été perçus.

Les jours pendant lesquels le salarié n'a pas appartenu à une entreprise, les jours d'absence non payés et, d'une manière générale, les jours n'ayant pas donné lieu à une rémunération normale au sens du paragraphe précédent sont déduits du nombre de jours d'appartenance.

§ 5. Le salaire journalier de référence est affecté d'un coefficient réducteur pour les personnes en situation de chômage saisonnier au sens et selon les modalités prévus par un accord d'application.

Section 2 - Allocation journalière

Article 23.
L'allocation journalière servie en application des articles 3 et suivants est constituée par la somme :
- d'une partie proportionnelle au salaire journalier de référence fixée à 40,4 % de celui-ci ;
- et d'une partie fixe égale à 9,94 €.
Lorsque la somme ainsi obtenue est inférieure à 57,4 % du salaire journalier de référence, ce dernier pourcentage est retenu.
Le montant de l'allocation journalière servie en application des articles 3 et suivants ainsi déterminé ne peut être inférieur à 24,24 €, sous réserve de l'article 25.

Article 24.
L'allocation minimale et la partie fixe de l'allocation d'aide au retour à l'emploi visée à l'article 23 sont réduites :
- proportionnellement à l'horaire particulier de l'intéressé lorsque cet horaire est inférieur à la durée légale du travail le concernant ou à la durée instituée par une convention ou un accord collectif, selon les modalités définies par un accord d'application ;
- proportionnellement au nombre de jours d'affiliation dans les 12 derniers mois, pour l'intéressé en situation de chômage saisonnier au sens et selon les modalités définis par un accord d'application.

Article 25.
L'allocation journalière déterminée en application des articles 23 et 24 est limitée à 75 % du salaire journalier de référence.
L'allocation journalière versée pendant une période de formation inscrite dans le projet d'action personnalisé ne peut toutefois être inférieure à 17,37 €.

Article 26.
§ 1er. Le montant de l'allocation servie aux allocataires âgés de 50 ans ou plus pouvant prétendre à un avantage de vieillesse, ou à un autre revenu de remplacement à caractère viager, y compris ceux acquis à l'étranger, est égal à la différence entre le montant de l'allocation d'aide au retour à l'emploi et une somme calculée en fonction d'un pourcentage compris entre 25 % et 75 % de l'avantage de vieillesse ou du revenu de remplacement, selon l'âge de l'intéressé.
Les modalités de réduction sont fixées par un accord d'application.
Toutefois, le montant versé ne peut être inférieur au montant de l'allocation visée à l'article 23, dernier alinéa, dans les limites fixées aux articles 24 et 25.

§ 2. Le montant de l'allocation servie aux allocataires bénéficiant d'une pension d'invalidité de la 2e ou de la 3e catégorie, au sens de l'article L. 341-4 du code de la sécurité sociale - ou au sens de toute autre disposition prévue par les régimes spéciaux ou autonomes de sécurité sociale -, ou d'une pension d'invalidité acquise à l'étranger, est égal à la différence entre le montant de l'allocation d'aide au retour à l'emploi et de la pension d'invalidité.

Article 27.
Sur le montant de l'allocation, est précomptée une participation de 3 % assise sur le salaire journalier de référence.

Le prélèvement de cette participation ne peut avoir pour effet de réduire le montant des allocations tel qu'il est fixé au dernier alinéa de l'article 23.
Le produit de cette participation est affecté au financement des retraites complémentaires des allocataires du régime d'assurance chômage.

Section 3 - Revalorisation

Article 28.
Le conseil d'administration de l'Unédic ou le bureau procède une fois par an à la revalorisation du salaire de référence des allocataires dont le salaire de référence est intégralement constitué par des rémunérations anciennes d'au moins 6 mois.
Le salaire de référence ainsi revalorisé ne peut excéder 4 fois le plafond du régime d'assurance vieillesse de la sécurité sociale visé à l'article L. 241-3 du code de la sécurité sociale, en vigueur à la date de la revalorisation.
Le conseil d'administration procède également à la revalorisation de toutes les allocations, ou parties d'allocations d'un montant fixe.
Ces décisions du conseil d'administration prennent effet le 1er juillet de chaque année.

Chapitre 6 - Paiement

Article 29.
L'allocation d'aide au retour à l'emploi est due dès la signature du plan d'aide au retour à l'emploi, sous réserve des délais de prise en charge ci-dessous visés.

Section 1 - Délais de carence

Article 30.
§ 1er. La prise en charge est reportée à l'expiration d'un délai de carence déterminé à partir du nombre de jours correspondant aux indemnités compensatrices de congés payés versées par le dernier employeur ou aux congés payés acquis au titre du dernier emploi lorsque celui-ci relève de l'article L. 223-16 du code du travail.
Si tout ou partie des indemnités compensatrices de congés payés dues est versé postérieurement à la fin du contrat de travail ayant ouvert des droits, l'allocataire et l'employeur sont dans l'obligation d'en faire la déclaration à l'Assédic. Les allocations qui, de ce fait, n'auraient pas dû être perçues par l'intéressé doivent être remboursées.

§ 2. Le délai visé au § 1er est augmenté d'une carence spécifique en cas de prise en charge consécutive à une cessation de contrat de travail ayant donné lieu au versement d'indemnités ou de toute autre somme inhérente à cette rupture, quelle que soit leur nature, dès lors que leur montant ou leurs modalités de calcul ne résultent pas directement de l'application d'une disposition législative.
Ce délai de carence comprend un nombre de jours égal au nombre entier obtenu en divisant le montant total de ces indemnités et sommes versées à l'occasion de la fin du contrat de travail, diminué du montant éventuel de celles-ci résultant directement de l'application d'une disposition législative, par le salaire journalier de référence.

La durée de cette carence spécifique est limitée à 75 jours.
Si tout ou partie de ces sommes est versé postérieurement à la fin du contrat de travail ayant ouvert des droits, le bénéficiaire et l'employeur sont dans l'obligation d'en faire la déclaration à l'Assédic. Les allocations qui, de ce fait, n'auraient pas dû être perçues par l'intéressé doivent être remboursées.

§ 3. En cas de prise en charge consécutive à la fin d'un contrat de travail d'une durée inférieure à 91 jours, les délais visés aux § 1er et 2 sont déterminés dans les conditions fixées par un accord d'application.

Section 2 - Différé d'indemnisation

Article 31.
La prise en charge est reportée au terme d'un différé d'indemnisation de 7 jours.
Le différé ne s'applique pas en cas de réadmission visée à l'article 10, § 1er ou § 3, intervenant dans un délai de 12 mois à compter de la précédente admission.

Section 3 - Point de départ du versement

Article 32.
Les délais de carence déterminés en application de l'article 30 courent à compter du lendemain de la fin du contrat de travail.
Le différé d'indemnisation visé à l'article 31 court à compter du terme du ou des délais de carence visés à l'article 30, si les conditions d'attribution des allocations prévues aux articles 3 et 4 sont remplies à cette date. À défaut, le différé d'indemnisation court à partir du jour où les conditions des articles 3 et 4 sont satisfaites.

Section 4 - Périodicité

Article 33.
Les prestations sont payées mensuellement à terme échu pour tous les jours ouvrables ou non.
Les salariés privés d'emploi peuvent demander dans les conditions consignées dans le règlement intérieur pris pour l'accomplissement des missions des Assédic à l'égard des salariés privés d'emploi, dont les termes sont arrêtés par le conseil d'administration de l'Unédic, des avances sur prestations et des acomptes.

Section 5 - Interruption du paiement

Article 34.
Le service de l'allocation d'aide au retour à l'emploi doit être interrompu à compter du jour où l'intéressé :
a) retrouve une activité professionnelle salariée ou non, exercée en France ou à l'étranger, sous réserve des articles 37 à 41 ;
b) est pris ou est susceptible d'être pris en charge par la sécurité sociale au titre des prestations en espèces ;
c) est exclu du revenu de remplacement par le préfet dans les conditions prévues par l'article R. 351-33 du code du travail ;

d) cesse de remplir la condition prévue à l'article 4 (c) du règlement ;
e) est admis à bénéficier de l'allocation parentale d'éducation visée à l'article L. 532-1 du code de la sécurité sociale ;
f) cesse de résider sur le territoire relevant du champ d'application du régime d'assurance chômage visé à l'article 3 de la convention ;
g) a fait des déclarations inexactes ou présenté des attestations mensongères en vue de percevoir indûment des allocations ;
h) est admis au bénéfice de l'allocation de présence parentale visée à l'article L. 544-1 du code de la sécurité sociale.

Section 6 - Prestations indues

Article 35.
§ 1er. Les personnes qui ont indûment perçu des allocations ou des aides au reclassement doivent les rembourser à l'institution compétente, sans préjudice des sanctions pénales résultant de l'application de la législation en vigueur pour celles d'entre elles ayant fait sciemment des déclarations inexactes ou présenté des attestations mensongères en vue d'obtenir le bénéfice de ces allocations ou aides.
Les intéressés peuvent solliciter une remise de dette auprès de la commission paritaire visée à l'article 51.

§ 2. L'action en répétition des sommes indûment versées se prescrit, sauf cas de fraude ou de fausse déclaration, par trois ans et, en cas de fraude ou de fausse déclaration, par dix ans à compter du jour du versement de ces sommes. La prescription de l'action éteint la créance.

Chapitre 7 - L'action en paiement

Article 36.
La demande d'admission au bénéfice des allocations, complétée et signée par le salarié privé d'emploi, doit être remise auprès de l'Assédic dans le ressort de laquelle le salarié privé d'emploi est domicilié.
Pour que la demande d'admission soit recevable, le salarié privé d'emploi doit présenter sa carte d'assurance maladie.
Les informations nominatives contenues dans la demande d'allocations sont enregistrées dans un répertoire national des allocataires, dans le but de rechercher les cas de multiples dépôts de demandes d'allocations par une même personne pour la même période de chômage.
L'Assédic compétente procède à l'examen du dossier, prononce selon le cas l'admission ou le rejet et, s'il y a lieu, liquide le montant de l'allocation et en assure le paiement.
En vue de permettre la détermination des droits et des allocations du salarié privé d'emploi, les employeurs sont tenus de remplir les formulaires prévus à cet effet et conformes aux modèles établis par l'Unédic.
En cas de transfert du dossier, l'Assédic nouvellement compétente est, sans autre formalité, immédiatement substituée à l'Assédic précédemment compétente, tant en ce qui concerne le paiement des allocations ou aides au reclassement que le remboursement des sommes indûment perçues par le demandeur d'emploi, aussi bien celles afférentes à la période antérieure au changement de domicile que celles afférentes à la période postérieure à ce changement.

Chapitre 8 - Cumul de l'allocation d'aide au retour à l'emploi avec une rémunération

Article 37.

§ 1er. Le salarié privé d'emploi qui remplit les conditions fixées aux articles 2 à 4 et qui exerce une activité occasionnelle ou réduite dont l'intensité mensuelle n'excède pas 136 heures perçoit l'allocation d'aide au retour à l'emploi, sous réserve :

a) que la ou les activités conservées ne lui procurent pas des rémunérations excédant 70 % des rémunérations brutes mensuelles perçues avant la perte d'une partie de ses activités ;

ou

b) que l'activité salariée reprise postérieurement à la perte de ses activités ne lui procure pas des rémunérations excédant 70 % des rémunérations brutes mensuelles prises en compte pour le calcul de l'allocation.

Pour l'application du seuil de 70 %, la rémunération procurée par l'activité occasionnelle ou réduite s'apprécie par mois civil.

§ 2. Les activités prises en compte sont celles exercées en France ou à l'étranger, déclarées sur le document d'actualisation mensuelle.

Article 38.

L'allocation est intégralement cumulable avec les revenus tirés de l'activité occasionnelle ou réduite conservée.

L'allocation journalière est déterminée conformément aux articles 23 à 27 sur la base d'un salaire de référence composé des rémunérations de l'emploi perdu.

Article 39.

L'allocation est partiellement cumulable avec les revenus tirés de l'activité occasionnelle ou réduite reprise.

Les allocations cumulables sont déterminées à partir d'un nombre de jours indemnisables au cours d'un mois civil égal à la différence entre le nombre de jours calendaires du mois et le nombre de jours correspondant au quotient des rémunérations brutes mensuelles par le salaire journalier de référence. Pour les allocataires âgés de 50 ans et plus, ce quotient est affecté d'un coefficient de minoration égal à 0,8.

Le cumul est déterminé en fonction des déclarations d'activités effectuées conformément à l'article 37, § 2.

En cas de déclarations complémentaires ou rectificatives, il est procédé à une régularisation des cumuls, d'un mois sur l'autre.

Article 40.

Le versement de l'allocation est assuré pendant 18 mois dans la limite de la durée d'indemnisation visée à l'article 12. Ce délai est calculé en fonction des mois civils durant lesquels l'allocataire a été indemnisé au titre du présent chapitre.

La limite des 18 mois n'est pas opposable aux allocataires âgés de 50 ans et plus et aux titulaires d'un contrat emploi-solidarité.

Article 41.

Le cumul de l'allocation d'aide au retour à l'emploi avec une rémunération procurée par une activité professionnelle non salariée est déterminé selon des modalités définies par un accord d'application.

Chapitre 9 - L'allocation décès

Article 42.

En cas de décès d'un allocataire en cours d'indemnisation ou pendant le différé d'indemnisation ou en cours de délai de carence, il est versé à son conjoint une somme égale à 120 fois le montant journalier de l'allocation dont bénéficiait ou aurait bénéficié le défunt.

Cette somme est majorée de 45 fois le montant de ladite allocation journalière pour chaque enfant à charge au sens de la législation de la sécurité sociale.

TITRE II – LES AIDES AU RECLASSEMENT

Chapitre 1er - L'aide dégressive à l'employeur

Article 43.

Dans les conditions précisées à l'article 17, § 3, une aide dégressive est attribuée à l'employeur qui embauche un demandeur d'emploi rencontrant des difficultés particulières de réinsertion, en application d'une convention spécifique conclue entre l'employeur et l'Assédic, qui précise les conditions d'embauche et de salaire et prévoit les conditions de tutorat, la formation ou autre mesure d'accompagnement.

Cette aide peut être versée pendant une période de 1 an à 3 ans, dans la limite de la durée des droits. Elle est fixée à :

- 40 % du montant du salaire d'embauche pendant le 1er tiers de la période ;
- 30 % du montant du salaire d'embauche pendant le 2e tiers de la période ;
- 20 % du montant du salaire d'embauche pendant le 3e tiers de la période.

Les conditions d'attribution de cette aide sont définies par un accord d'application.

Chapitre 2 - L'aide à la mobilité géographique

Article 44.

Une aide à la mobilité, dont les modalités d'attribution sont définies par un accord d'application, est accordée au bénéficiaire de l'allocation d'aide au retour à l'emploi qui accepte un emploi dans un autre bassin d'emploi que celui dans lequel il était précédemment occupé.

Chapitre 3 - L'aide à la formation

Article 45.

Une aide à la formation est accordée à l'allocataire qui suit une action de formation dans le cadre du projet d'action personnalisé. Cette aide correspond à la prise en charge des frais de formation, des frais de dossier et d'inscription, des frais de transport et d'hébergement restant à la charge du salarié privé d'emploi. Cette aide est attribuée selon des modalités définies par le Groupe paritaire national de suivi.

Chapitre 4 - Autres interventions

Section 1 - Aide au logement et accessoires au logement

Article 46.
Dans le but de faciliter le retour à l'emploi d'un bénéficiaire du régime d'assurance chômage en difficulté et dans le cadre d'une enveloppe fixée par le conseil d'administration de l'Unédic, un concours au logement ou au maintien dans les lieux de ce dernier peut être apporté par le régime.
À cet effet, chaque Assédic peut participer aux actions du Fonds de solidarité pour le logement (FSL), institué par la loi n° 90-449 du 31 mai 1990 visant à la mise en œuvre du droit au logement.
Le régime d'assurance chômage peut participer également, par voie de convention, en cas de difficulté de paiement des fournitures d'énergie et d'eau, aux mesures proposées par les autorités administratives et les distributeurs d'énergie et d'eau, en cas d'impayés.

Section 2 - Aide pour congés non payés

Article 47.
Le salarié qui a bénéficié de l'allocation d'assurance chômage ou de l'allocation de solidarité spécifique pendant la période de référence des congés payés ou pendant la période qui lui fait suite immédiatement, et dont l'entreprise ferme pour congés payés, peut obtenir une aide pour congés non payés.
Le montant de l'aide est déterminé en tenant compte du nombre de jours de fermeture de l'entreprise, des droits à congés payés éventuellement acquis au titre de l'emploi en cours et des allocations de chômage partiel versées par l'État.

Section 3 - Aide à l'allocataire arrivant au terme de ses droits

Article 48.
L'allocataire dont les droits arrivent à terme au titre de l'assurance chômage, et qui ne bénéficie pas d'une allocation du régime de solidarité pour un motif autre que la condition de ressources, peut, à sa demande, bénéficier d'une aide forfaitaire.
La demande doit être adressée dans les 2 mois suivant la date de décision de refus de l'autorité administrative.
Le montant de l'aide est égal à 27 fois la partie fixe de l'allocation visée à l'article 23, tiret 2.

TITRE III - PRESCRIPTIONS

Article 49.
§ 1er. La demande en paiement des allocations doit être déposée auprès de l'Assédic dans les 2 ans suivant la date d'inscription comme demandeur d'emploi.

§ 2. La demande en paiement des créances visées aux articles 42 à 48 doit être déposée auprès de l'Assédic dans les 2 ans suivant le fait générateur de la créance.

Article 50.
L'action en paiement des allocations ou des autres créances visées à l'article 49, qui doit être obligatoirement précédée du dépôt de la demande mentionnée à cet article, se prescrit par 2 ans à compter de la date de notification de la décision prise par l'Assédic.

TITRE IV – LES COMMISSIONS PARITAIRES

Article 51.
Les commissions paritaires sont compétentes pour :
a) examiner certains cas particuliers ;
b) apprécier les droits au regard de l'attribution de l'allocation ;
c) déterminer les règles d'indemnisation applicables ;
d) remettre des dettes.
Les commissions paritaires sont instituées par décision du conseil d'administration qui en fixe, en fonction de la situation locale, la compétence territoriale.
Les commissions paritaires des institutions comprennent :
- au titre des salariés, un membre représentant chacune des organisations nationales signataires de la présente convention ;
- au titre des organisations d'employeurs signataires, un nombre de représentants égal au nombre total de représentants salariés.
Les membres des commissions sont désignés dans les mêmes conditions et suivant la même périodicité que les administrateurs des Assédic.
Les décisions des commissions paritaires sont prises à la majorité des membres en exercice. Leurs règles de fonctionnement sont fixées par une délibération de la Commission paritaire nationale.
La Commission paritaire nationale peut décider par voie de délibération de donner compétence aux commissions paritaires des Assédic dans d'autres domaines que ceux expressément visés par le présent règlement.

TITRE V - CONTRIBUTIONS

Sous-titre Ier - Affiliation

Article 52.
§ 1er. Les employeurs compris dans le champ d'application fixé par l'article L. 351-4 du code du travail sont tenus de s'affilier à l'institution territorialement compétente dans les 2 mois suivant la date à laquelle le régime d'assurance chômage leur est devenu applicable.
Pour répondre à cette obligation d'affiliation, l'employeur doit adresser à cette institution un bordereau conforme au modèle établi par l'Unédic et comportant, notamment, l'indication :
- du nom de l'employeur ;
- de l'adresse où s'exerce son activité ou de celle du siège de son entreprise ;
- du nombre de salariés occupés au 31 décembre précédant la date d'effet de l'affiliation et, en cas d'affiliation consécutive à l'embauche du premier salarié, du nombre de salariés occupés à la date du bordereau d'affiliation ;

- du montant des rémunérations versées soit au cours de l'exercice civil précédant la date d'effet de l'affiliation, soit depuis le premier embauchage.
Lorsque l'employeur dispose de succursales, agences ou, d'une manière générale, d'un ou plusieurs établissements secondaires, il dresse un bordereau distinct pour chacun d'eux.
Le bordereau d'affiliation doit être signé par l'employeur ou par une personne mandatée par lui. Si l'employeur est une personne morale, le signataire du bordereau doit tenir de sa fonction ou d'un mandat régulier le droit d'agir en son nom.
Quelle que soit la date à laquelle le bordereau d'affiliation est reçu par l'institution compétente, l'affiliation prend effet et les contributions sont dues à la date à laquelle l'employeur est assujetti au régime d'assurance chômage.
La déclaration transmise à l'institution par l'intermédiaire des centres de formalités des entreprises a valeur d'affiliation.

§ 2. Par ailleurs, les employeurs visés à l'article L. 351-12 du code du travail, occupant à titre temporaire des salariés relevant des professions de la production cinématographique, de l'audiovisuel ou du spectacle, lorsque l'activité exercée est comprise dans le champ d'application des aménagements apportés par le régime d'assurance chômage aux conditions d'indemnisation, en vertu de l'article L. 351-14 du code du travail, sont tenus de déclarer ces activités au régime d'assurance chômage et de soumettre à contributions les rémunérations versées à ce titre.

§ 3. Par dérogation aux dispositions visées au § 1er, les employeurs immatriculés par une union pour le recouvrement des cotisations de sécurité sociale et d'allocations familiales en qualité d'employeurs de personnel domestique sont dispensés des formalités d'affiliation à un organisme du régime.

Article 53.
Toute personne qui a été immatriculée en qualité d'employeur par une union pour le recouvrement des cotisations de sécurité sociale et d'allocations familiales et qui, au cours de l'année, n'a pas employé de salariés susceptibles de participer au régime d'assurance chômage est tenue, sur demande de l'institution compétente, de lui envoyer, le mois suivant la réception de la demande :
- soit le bordereau d'affiliation prévu à l'article 52, § 1er, revêtu de la mention « néant » ;
- soit la déclaration des rémunérations prévue à l'article 58 revêtue de la mention « néant ».

Sous-titre II - Ressources

Article 54.
Le régime d'assurance chômage est financé, d'une part, par des contributions générales assises sur les rémunérations brutes dans la limite d'un plafond, d'autre part, par des contributions particulières.

Chapitre 1er - Contributions générales

Section 1 - Assiette

Article 55.
Les contributions des employeurs et des salariés sont assises sur les rémunérations brutes plafonnées, soit, sauf cas particuliers définis par une annexe, sur l'ensemble

des rémunérations entrant dans l'assiette des cotisations de sécurité sociale prévues aux articles L. 242-1 et suivants du code de la sécurité sociale.
Sont cependant exclues de l'assiette des contributions :
- les rémunérations des salariés âgés de 65 ans ou plus ;
- les rémunérations dépassant 4 fois le plafond du régime d'assurance vieillesse de la sécurité sociale visé à l'article L. 241-3 du code de la sécurité sociale.

Section 2 - Taux

Article 56.
Le taux des contributions est uniforme. Il est fixé à 6,40 %.

Section 3 - Exigibilité

Article 57.
Les conditions d'exigibilité des contributions sont celles prévues par l'article R. 351-4 du code du travail.
Cependant, les employeurs dont le versement trimestriel serait habituellement inférieur au montant fixé par l'Unédic, sont autorisés à ne régler qu'une fois par an, soit au plus tard le 15 janvier, les contributions afférentes à l'année civile précédente.
En ce qui concerne les établissements nouvellement assujettis, le premier paiement est effectué dès la première échéance suivant l'expiration du délai de 2 mois prévu à l'article 52, § 1er.

Section 4 - Déclarations

Article 58.
Les employeurs sont tenus de déclarer les rémunérations servant au calcul des contributions incombant tant aux employeurs qu'aux salariés.
Tout versement, à l'exception de celui visé à l'alinéa suivant, doit être accompagné d'un avis de versement conforme au modèle national arrêté par l'Unédic, contenant, notamment, les déclarations des rémunérations entrant dans l'assiette des contributions telle qu'elle est définie à l'article 55.
L'acompte prévisionnel versé trimestriellement par un employeur de moins de 10 salariés ayant opté pour le recouvrement simplifié doit être accompagné d'un avis d'échéance trimestriel.
À l'expiration de chaque année civile, les employeurs sont tenus de retourner à l'institution dont ils relèvent le bordereau de déclaration annuelle, conforme au modèle national arrêté par l'Unédic qui comporte, d'une part, l'ensemble des rémunérations payées à leurs salariés et soumises à contributions compte tenu des règles de régularisation annuelle applicables, d'autre part, l'indication des renseignements sur l'effectif du personnel au 31 décembre de l'année considérée.
Le bordereau doit être retourné à l'institution, dûment complété, le 31 janvier suivant.
Après exploitation du bordereau de déclaration annuelle, si le compte de l'employeur, toutes créances confondues, y compris celles se rapportant à un ou plusieurs exer-

cices antérieurs, laisse apparaître un solde débiteur, un appel de régularisation est adressé à l'employeur pour règlement dans les 15 jours de son envoi.
Les employeurs sont également tenus d'adresser, au plus tard le 31 janvier de chaque année, à l'institution dont ils relèvent, la déclaration prévue à l'article R. 243-14 du code de la sécurité sociale.

Article 59.
Si l'employeur n'a pas respecté les obligations qui lui incombent en application de l'article 58, l'institution fixe à titre provisionnel le montant des contributions selon les règles fixées par l'Unédic.
Cette évaluation doit être notifiée à l'employeur par une mise en demeure adressée par lettre recommandée avec accusé de réception.

Section 5 - Paiement

Article 60.
Le règlement des contributions est effectué à la diligence de l'employeur, qui est responsable du paiement des parts patronale et salariale.
Le montant des contributions est arrondi à l'euro le plus proche. La fraction d'euro égale à 0,50 est comptée pour 1.
L'employeur qui a opté pour le recouvrement simplifié règle les contributions, trimestriellement, sous forme d'acompte prévisionnel.

Article 61.
Les contributions sont payées par chaque établissement à l'institution à laquelle il est affilié.

§ 1er. Cependant, les entreprises autorisées à verser les cotisations de sécurité sociale à un organisme de recouvrement autre que celui ou ceux dans la circonscription desquels sont situés leurs établissements, conformément à l'article R. 243-8 du code de la sécurité sociale, peuvent agir de même pour le paiement des contributions dues au régime d'assurance chômage si elles s'engagent, dans les formes arrêtées par l'Unédic, à fournir des informations statistiques propres à chaque établissement.
Par ailleurs, lorsque les cotisations de sécurité sociale concernant tout ou partie du personnel d'un établissement sont versées par un autre établissement, ce dernier règle directement à l'institution à laquelle il est affilié les contributions dues pour les salariés du premier établissement.
L'établissement payeur doit fournir, chaque année, suivant les modalités prévues par l'Unédic, des renseignements concernant l'effectif des salariés du ou des établissements secondaires.

§ 2. Les contributions dues par les employeurs visées à l'article 52, § 3, sont payées à un organisme désigné par l'Unédic.

Article 62.
Les contributions non payées aux dates limites d'exigibilité fixées à l'article 57, ainsi que celles restant dues, après exploitation du bordereau de déclaration annuelle, et non payées à la date limite fixée à l'article 58, sixième alinéa, sont passibles de majorations de retard dont les modalités et les taux sont arrêtés par le conseil d'administration de l'Unédic.

Ces majorations de retard, calculées sur le montant des contributions dues et non payées, commencent à courir dès le lendemain de la date limite d'exigibilité.

Article 63.
Le défaut de production, dans les délais prescrits, du bordereau de déclaration annuelle prévu à l'article 58, entraîne une pénalité dont le montant est fixé par le conseil d'administration de l'Unédic, en fonction :
- du nombre de salariés figurant sur le dernier avis de versement retourné par l'employeur défaillant ;
- de l'effectif salarié moyen des entreprises relevant de la même branche d'activité et contribuant selon la même périodicité que l'entreprise défaillante, lorsque l'institution ne connaît pas l'effectif salarié réel de celle-ci.

Le montant mensuel total de cette pénalité ne peut excéder une somme fixée par le conseil d'administration de l'Unédic.
Si le retard excède un mois, une pénalité identique est automatiquement ajoutée pour chaque mois ou fraction de mois de retard.

Section 6 - Précontentieux et contentieux

Article 64.
§ 1er. Toute action intentée ou poursuite engagée contre un employeur manquant aux obligations résultant des dispositions régissant le régime d'assurance chômage est obligatoirement précédée d'une mise en demeure par lettre recommandée avec demande d'avis de réception, invitant l'intéressé à régulariser sa situation dans les 15 jours.

§ 2. Si, à l'expiration de ce délai, l'employeur demeure débiteur de contributions ou majorations de retard, le directeur de l'institution lui décerne une contrainte pour le recouvrement de ces créances.
Le directeur peut, sous sa responsabilité, déléguer le pouvoir de délivrer une contrainte à des agents de l'institution.
À défaut d'opposition de l'employeur devant le tribunal compétent, dans les conditions et délais fixés par décret, la contrainte produit les effets d'un jugement et confère notamment le bénéfice de l'hypothèque judiciaire.

Section 7 - Remises et délais

Article 65.
Le conseil d'administration de l'institution ou son bureau par délégation peut, dès lors que le débiteur en formule la demande :

§ 1er. accorder une remise partielle des contributions restant dues par un employeur en redressement ou liquidation judiciaire, lorsqu'elle estime qu'un paiement partiel sur une période donnée préserve mieux les intérêts du régime qu'un paiement intégral sur une période plus longue.

§ 2. accorder une remise totale ou partielle des sanctions prévues aux articles 59, 62, 63 et 70 aux débiteurs de bonne foi ou justifiant de l'impossibilité dans laquelle ils se sont trouvés, en raison d'un cas de force majeure, de régler les sommes dues dans les délais impartis.

§ 3. consentir des délais de paiement sous réserve que la part salariale des contributions ait préalablement été réglée.

Section 8 - Prescription

Article 66.

§ 1er. La mise en demeure visée à l'article 64, § 1er, ne peut concerner que les contributions et majorations de retard exigibles dans les 3 ans précédant la date de son envoi.

L'action civile en recouvrement se prescrit, sauf cas de fraude ou de fausse déclaration, par 3 ans et, en cas de fraude ou de fausse déclaration, par 10 ans suivant l'expiration du délai imparti par la mise en demeure. La prescription de l'action éteint la créance.

Lorsque le montant de la créance est inférieur à un seuil fixé par le conseil d'administration de l'Unédic, la créance est éteinte au terme d'un délai de 3 ans qui court à compter de la fin de l'exercice comptable au cours duquel la créance est née.

§ 2. La demande de remboursement des contributions et majorations de retard indûment versées se prescrit par 3 ans à compter de la date à laquelle ces contributions et majorations ont été acquittées.

Chapitre 2 - Contributions particulières

Section 1 - Contribution supplémentaire

Article 67.

§ 1er. Une contribution supplémentaire est due au régime d'assurance chômage, par l'employeur, pour toute rupture de contrat de travail d'un salarié de 50 ans ou plus, ouvrant droit au versement de l'allocation de chômage.

Elle est calculée en fonction du salaire journalier moyen visé à l'article 22, § 4, ayant servi au calcul des allocations du salarié concerné et de l'âge de ce dernier lors de la fin du contrat de travail.

Elle correspond, sous réserve du respect des dispositions législatives et réglementaires, à :

- 30 fois le salaire journalier de référence pour les salariés privés d'emploi âgés de 50 ans ou plus et de moins de 52 ans lors de la fin du contrat de travail ;
- 60 fois le salaire journalier de référence pour les salariés privés d'emploi âgés de 52 ans ou plus et de moins de 54 ans lors de la fin du contrat de travail ;
- 120 fois le salaire journalier de référence pour les salariés privés d'emploi âgés de cinquante-quatre ans ou plus et de moins de 55 ans lors de la fin du contrat de travail ;
- 150 fois le salaire journalier de référence pour les salariés privés d'emploi âgés de 55 ans ou plus et de moins de 56 ans lors de la fin du contrat de travail ;
- 180 fois le salaire journalier de référence pour les salariés privés d'emploi âgés de 56 ans ou plus lors de la fin du contrat de travail.

Pour toutes les ruptures de contrats de travail notifiées à compter du 31 décembre 1998 dans une entreprise de 50 salariés et plus, elle correspond à :

- 60 fois le salaire journalier de référence pour les salariés privés d'emploi âgés de 50 ans lors de la fin du contrat de travail ;

- 90 fois le salaire journalier de référence pour les salariés privés d'emploi âgés de 51 ans lors de la fin du contrat de travail ;
- 150 fois le salaire journalier de référence pour les salariés privés d'emploi âgés de 52 ans lors de la fin du contrat de travail ;
- 180 fois le salaire journalier de référence pour les salariés privés d'emploi âgés de 53 ans lors de la fin du contrat de travail ;
- 240 fois le salaire journalier de référence pour les salariés privés d'emploi âgés de 54 ans lors de la fin du contrat de travail ;
- 300 fois le salaire journalier de référence pour les salariés privés d'emploi âgés de 55 ans lors de la fin du contrat de travail ;
- 360 fois le salaire journalier de référence pour les salariés privés d'emploi âgés de 56 ans ou plus et de moins de 58 ans lors de la fin du contrat de travail ;
- 300 fois le salaire journalier de référence pour les salariés privés d'emploi âgés de 58 ans lors de la fin du contrat de travail ;
- 240 fois le salaire journalier de référence pour les salariés privés d'emploi âgés de 59 ans ou plus lors de la fin du contrat de travail.

§ 2. La contribution supplémentaire n'est pas due dans les cas suivants :

a) licenciement pour faute grave ou lourde ;

b) licenciement en cas de refus par le salarié d'une modification de son contrat de travail consécutive à une réduction de la durée du travail organisée par une convention ou un accord collectif ;

c) licenciement résultant d'une cessation d'activité de l'employeur, pour raison de santé ou de départ en retraite, qui entraîne la fermeture définitive de l'entreprise ;

d) rupture d'un contrat de travail, par un particulier, d'un employé de maison ;

e) licenciement visé à l'article L. 321-12 du code du travail ;

f) démission trouvant son origine dans un déplacement de la résidence du conjoint, résultant d'un changement d'emploi de ce dernier ;

g) rupture du contrat de travail due à la force majeure ;

h) rupture du contrat de travail d'un salarié qui était, lors de son embauche, âgé de plus de 50 ans et inscrit depuis plus de 3 mois comme demandeur d'emploi, laquelle embauche est intervenue après le 9 juin 1992 ;

i) première rupture du contrat de travail concernant un salarié de 50 ans ou plus intervenant dans une même entreprise de moins de 20 salariés au cours d'une même période de 12 mois ;

j) rupture pour une inaptitude physique au travail constatée par le médecin du travail.

§ 3. La contribution supplémentaire versée par l'employeur peut lui être remboursée dans les conditions suivantes :

- le salarié doit être reclassé par contrat à durée indéterminée. Le reclassement est constaté dès lors que le contrat s'est poursuivi après la période d'essai ;
- l'embauche doit avoir eu lieu dans les 3 mois qui ont suivi la date de la fin du contrat de travail ;
- la demande doit être faite par l'employeur au plus tard dans les 12 mois suivant la date d'embauche.

Textes de loi

Section 2 - Contribution spéciale

Article 68.
Une contribution spéciale est due au régime par l'employeur qui procède au licenciement pour motif économique d'un salarié, sans lui proposer le bénéfice d'un PARE anticipé en application des dispositions de l'article L. 321-4-2 du code du travail.
Elle est calculée en fonction du salaire journalier moyen visé à l'article 22, § 4, ayant servi au calcul des allocations du salarié concerné.
Elle correspond à 30 fois le salaire journalier de référence servant au calcul des allocations.

Section 3 - Recouvrement

Article 69.
Le règlement des contributions visées aux articles 67 et 68 est exigible dans un délai de 15 jours suivant la date d'envoi de l'avis de versement.
Les articles 62, 64, 65, 66 et 70 sont applicables.

Chapitre 3 - Autres ressources

Article 70.
Si l'employeur ne s'est pas affilié dans les délais prévus à l'article 52, § 1er, ou s'il n'a pas payé les contributions dont il est redevable à l'échéance, l'institution à laquelle il est affilié ou devrait être affilié peut exiger de lui le remboursement des prestations versées soit par elle-même, soit par toute autre institution, à ses anciens salariés pendant la période écoulée entre la date limite d'affiliation ou celle de l'échéance et la date à laquelle l'employeur s'est mis complètement en règle au regard des obligations découlant du présent titre.
Cette sanction est indépendante de celles prévues aux articles 59, 62 et 63, ainsi que des poursuites susceptibles d'être engagées en cas de rétention de la part salariale des contributions.

Article 71.
En cas de licenciement jugé dépourvu de cause réelle et sérieuse par la juridiction prud'homale statuant au titre de l'article L. 122-14-4 du code du travail, l'institution qui a versé les allocations de chômage au salarié licencié est en droit d'obtenir auprès de l'ancien employeur du salarié le remboursement de ces allocations dans les conditions et limites prévues à cet article.

TITRE VI – ORGANISATION FINANCIÈRE ET COMPTABLE

Article 72.
La comptabilité des organismes de gestion est tenue selon les règles fixées par l'Unédic, dans le cadre du plan comptable approuvé par les pouvoirs publics.
L'exercice comptable annuel s'étend du 1er janvier au 31 décembre.
L'Unédic établit un bilan consolidé de l'ensemble du régime d'assurance chômage.

LOI N° 2002-1095 DU 29 AOÛT 2002

portant création d'un dispositif de soutien à l'emploi des jeunes en entreprise

Article 1er

Le code du travail est ainsi modifié :

1° L'article L. 322-4-6 est ainsi rétabli :

« *Art. L. 322-4-6.* - Afin de favoriser l'accès des jeunes à l'emploi et de faciliter leur insertion professionnelle, les employeurs peuvent, pour une durée de trois années au plus, le cas échéant de manière dégressive, bénéficier d'un soutien de l'État lors de la conclusion de contrats de travail à durée indéterminée, à temps plein ou à temps partiel, à la condition que la durée du travail stipulée au contrat de travail soit au moins égale à la moitié de la durée collective du travail applicable, conclus, à compter du 1er juillet 2002, avec des jeunes âgés de seize à vingt-deux ans révolus, dont le niveau de formation est inférieur à un diplôme de fin du second cycle long de l'enseignement général, technologique ou professionnel.

« Ce soutien est calculé par référence aux cotisations et contributions sociales patronales obligatoires de toutes natures, dont le paiement est exigé à raison du versement du salaire. Ce soutien n'est pas cumulable avec une autre aide à l'emploi attribuée par l'État. Il est cumulable avec les réductions et les allégements de cotisations prévus aux articles L. 241-6-4, L. 241-13, L. 241-13-1 et L. 241-14 du code de la sécurité sociale ainsi qu'aux articles L. 241-13 et L. 241-13-1 du code de la sécurité sociale tels que visés par l'article L. 741-4 du code rural et aux articles L. 741-5 et L. 741-6 de ce dernier code.

« Un décret précise le montant et les modalités d'attribution du soutien ainsi que les conditions d'application du présent article. » ;

2° Sont insérés cinq articles L. 322-4-6-1 à L. 322-4-6-5 ainsi rédigés :

« *Art. L. 322-4-6-1.* - Bénéficient du soutien mentionné à l'article L. 322-4-6, pour chaque contrat de travail, les employeurs soumis aux obligations de l'article L. 351-4, à l'exception des particuliers. Bénéficient également du soutien les employeurs de pêche maritime.

« Le soutien de l'État n'est accordé que si les conditions suivantes sont réunies :

« 1° L'employeur n'a procédé à aucun licenciement pour motif économique dans les six mois précédant l'embauche du salarié ;

« 2° Il est à jour du versement de ses cotisations et contributions sociales ;

« 3° Le salarié n'a pas travaillé chez l'employeur dans les douze mois précédant cette embauche, sauf s'il était titulaire d'un contrat de travail à durée déterminée ou d'un contrat de travail temporaire.

« *Art. L. 322-4-6-2.* - Par dérogation aux dispositions de l'article L. 122-5, les contrats de travail mentionnés à l'article L. 322-4-6 peuvent être rompus sans préavis, à l'initiative du salarié, lorsque la rupture du contrat a pour objet de permettre à celui-ci d'être embauché en vertu de l'un des contrats prévus aux articles L. 117-1 et L. 981-1 ou de suivre l'une des formations mentionnées à l'article L. 900-2.

« *Art. L. 322-4-6-3.* - L'État peut confier la gestion du dispositif de soutien à l'emploi des jeunes prévu à l'article L. 322-4-6 aux institutions mentionnées à l'article L. 351-21 ou à une personne morale de droit public.

« *Art. L. 322-4-6-4.* - Une convention ou un accord collectif de branche peut prévoir les conditions dans lesquelles les salariés visés à l'article L. 322-4-6 bénéficient d'un accompagnement et du bilan de compétences mentionné à l'article L. 900-2.

« *Art. L. 322-4-6-5.* - Dans les professions dans lesquelles le paiement des congés des salariés et des charges sur les indemnités de congés est mutualisé entre les employeurs affiliés aux caisses de compensation prévues à l'article L. 223-16, les modalités selon lesquelles les employeurs régulièrement affiliés à ces caisses peuvent bénéficier du soutien mentionné à l'article L. 322-4-6 au titre de ces indemnités sont déterminées, compte tenu des adaptations nécessaires, par décret. Ce soutien doit s'entendre comme n'étant pas calculable par référence aux cotisations et contributions sociales patronales de toutes natures dues au titre de ces indemnités par lesdites caisses de compensation. »

Article 2

Une convention ou un accord collectif de branche pourra prévoir les conditions dans lesquelles les acquis de l'expérience des salariés mentionnés à l'article L. 322-4-6 du code du travail sont validés et dans lesquelles ces salariés participent aux actions de formation prévues dans le cadre du plan de formation de l'entreprise.

Article 3

L'article L. 351-14 du code du travail est complété par deux alinéas ainsi rédigés :

« Du fait de l'aménagement de leurs conditions d'indemnisation prévu au présent article, l'allocation d'assurance versée aux salariés involontairement privés d'emploi relevant des professions de la production cinématographique, de l'audiovisuel ou du spectacle peut, en sus de la contribution prévue à l'article L. 351-3-1, être financée par une contribution spécifique à la charge des employeurs et des salariés relevant de ces professions, assise sur la rémunération brute dans la limite d'un plafond, dans des conditions fixées par l'accord prévu à l'article L. 351-8. Ces dispositions sont applicables aux avenants aux annexes VIII et X au règlement annexé à la convention du 1er janvier 1997 relative à l'assurance chômage signés postérieurement à l'entrée en vigueur de la loi no 2002-311 du 5 mars 2002 relative au régime d'assurance chômage des intermittents du spectacle.

« La contribution spécifique mentionnée au deuxième alinéa est applicable à compter du 1er septembre 2002. »

Article 4

Les contrats d'aides-éducateurs conclus avant le 30 juin 1998, en application des conventions mentionnées à l'article L. 322-4-18 du code du travail, peuvent être prolongés jusqu'au 30 juin 2003. L'aide de l'État est maintenue jusqu'au terme de cette période.

La présente loi sera exécutée comme loi de l'État.

LEXIQUE

LEXIQUE

A

Abondement : c'est le plus qu'apporte l'employeur à son salarié lequel se constitue une épargne en jours de congé, par exemple, dans le cadre du compte épargne-temps (voir ce mot). Un salarié qui s'est constitué une réserve de jours de congé peut voir, par exemple, son capital doublé si l'employeur abonde à hauteur de 50 %.

Affiliation : rattachement au régime d'assurance chômage ; or ce rattachement est lié au versement de cotisations d'assurance chômage. Les droits à indemnisation dépendent directement de la durée d'affiliation qui peu ou prou correspond aux périodes d'appartenance à une entreprise.

Annexes du règlement chômage : le règlement général de l'assurance chômage fixe les conditions générales d'indemnisation du chômage. Compte tenu de la spécificité de certains métiers pour lesquels les salariés sont payés au forfait, par exemple, ou ont une activité irrégulière, treize annexes au règlement général complètent ou modifient certaines règles pour ces salariés exerçant un métier à part. Sont visés notamment dans ces annexes : les contractuels de la fonction publique, les écrivains publics, les dockers, les employés au pair, les mannequins, les journalistes...

Association intermédiaire : elle a pour objet d'embaucher des personnes dépourvues d'emploi rencontrant des difficultés sociales et professionnelles particulières, pour les mettre à titre onéreux à la disposition d'entreprises, de particuliers, d'une association, d'une collectivité territoriale. Le chômeur devient salarié de l'association intermédiaire. Il est, en principe, titulaire d'un contrat de travail à durée déterminée. L'association conclut avec l'utilisateur un contrat de mise à disposition. Il s'agit en fait d'un système voisin de l'intérim.

B

Bilan évaluation-orientation : bilan de compétences approfondi réalisé par l'ANPE et nécessaire lorsqu'une réorientation professionnelle ou une formation qualifiante est envisagée.

C

Chômage partiel : sont considérées comme étant au chômage partiel, les personnes qui, tout en restant liées à leur employeur par un contrat de travail, subissent un perte de salaire, soit du fait de la fermeture temporaire de l'établissement, soit par la suite de la réduction de l'horaire de travail dès lors que cet horaire se trouve inférieur à la durée légale du travail (35 heures pour les entreprises d'au moins 20 salariés, 39 heures pour les autres).
L'indemnisation du chômage partiel comporte une allocation d'aide publique versée par l'État, une indemnisation complémentaire conventionnelle et une rémunération minimale.

Chômage saisonnier : la réglementation de l'assurance chômage reconnaît deux types de chômage saisonnier. Le premier fait suite à des activités saisonnières (centre de loisir, activité agricole...) exercées, au moins pendant deux ans au cours des trois années précédant la fin du dernier contrat de travail. Le deuxième ne découle pas de la branche d'activité mais du rythme de travail : au cours des trois dernières années précédant la fin du dernier contrat de travail, les périodes d'inactivités se trouvent à la même époque.

Compte épargne-temps : créé par une loi du 25 juillet 1994, le compte épargne-temps permet au salarié d'accumuler des jours de congés rémunérés ; ce capital de congés non pris permet au salarié de cesser son travail, sans rompre son contrat et surtout en bénéficiant d'une rémunération. C'est un moyen d'autofinancer une préretraite.

Contribution Delalande : contribution due à l'ASSEDIC par tout employeur qui rompt le contrat de travail d'un salarié âgé de 50 ans. Son montant varie selon l'âge du salarié et la taille de l'entreprise. Son objectif est d'éviter les ruptures de contrat de travail de salariés de 50 ans ou plus en alourdissant leur coût.

D

Déclaration de situation mensuelle : le chômeur indemnisé la reçoit chaque mois ; elle permet de communiquer à l'ASSEDIC tout éventuel changement de situation ou au contraire de maintenir la recherche d'emploi. Les allocations de chômage ne seront versées que si cette déclaration dûment complétée est renvoyée.

Dégressivité : l'ancienne convention d'assurance chômage du 1er janvier 1997 prévoyait le versement d'une allocation de chômage qui diminuait au fur et à mesure que le chômage se prolongeait. Après une période de versement à taux plein, le montant de l'allocation baissait tous les six mois par application d'un coefficient de dégressivité variable selon l'âge et la durée d'affiliation du chômeur. La convention du 1er janvier 2001 a supprimé la dégressivité et la convention de 2004 ne la remet pas en place. Néanmoins, ce dispositif peut continuer à s'appliquer pour des chômeurs en cours d'indemnisation au 1er juillet 2001 et qui n'ont pas opté pour la nouvelle convention.

Délai de carence : l'indemnisation au titre du chômage ne commence pas dès le lendemain de la rupture du contrat de travail. Un délai d'attente est appliqué ; il est calculé en tenant compte : du reliquat de congés payés que le salarié n'a pas pu prendre du fait de la rupture du contrat, de la part de l'indemnité de licenciement qui dépasse celle prévue par le Code du travail. À ce délai de carence s'ajoute le différé (voir ce mot).

Délai de déchéance : délai au-delà duquel le chômeur qui a repris une activité professionnelle ne peut plus retrouver son reliquat de droit (voir ce mot).

Délai de forclusion : délai maximum pour s'inscrire au chômage après la rupture du contrat de travail. Passé ce délai, le salarié privé d'emploi perd ses droits à indemnisation. Sa durée est en général de 12 mois. Toutefois un certain nombre d'événements peuvent le prolonger.

Démissions légitimes : l'ASSEDIC fait la distinction entre les démissions volontaires et celles contraintes ou imposées par des événements notamment familiaux. Le chômage qui fait suite à un démission légitime est indemnisable. Il existe 13 cas de démissions légitimes.

Départ négocié : la rupture du contrat de travail résulte d'un accord entre l'employeur et le salarié. Lorsque le départ négocié est motivé par une raison économique, l'ASSEDIC l'assimile à un licenciement.

Différé d'indemnisation : en plus du délai de carence, l'ASSEDIC applique à tout le monde un différé d'indemnisation de sept jours qui court après le délai de carence et jamais avant l'inscription comme demandeur d'emploi.

E

Exclusion (du régime d'assurance chômage) : sanction prise à l'encontre du demandeur d'emploi. Elle peut être définitive ou temporaire. Dans le premier cas, le chômeur perd ses droits à indemnisation. Dans le second, le versement s'interrompt et reprend à la fin de la durée de la sanction ; mais, les prestations non versées sont perdues pour le chômeur.

I

Indemnité de licenciement supralégale : indemnité versée lors de la rupture du contrat de travail dont le montant est supérieur à celui prévu légalement. Cette différence peut être due notamment à une convention collective qui prévoit des indemnités de licenciement plus avantageuses que celle du Code du travail ou à une transaction (voir ce mot).

M

Maintien des allocations : les chômeurs âgés d'au moins 60 ans peuvent sous certaines conditions, obtenir le versement des allocations de chômage jusqu'à ce qu'ils puissent prétendre à une retraite à taux plein. La durée maximum d'indemnisation ne leur est alors plus applicable.

Médiateur de la République : il aide les particuliers à faire valoir leur droit auprès de toutes les administrations. Son intervention est gratuite. Mais attention, il ne peut être saisi qu'après avoir effectué au moins une démarche de contestation auprès de l'ASSEDIC. En revanche, ce recours n'est plus possible si une action en justice a été engagée. C'est auprès de la préfecture que l'on obtient ses coordonnées.

P

Période assimilée : pour obtenir un maintien des allocations (voir ce mot) à l'approche de la retraite, il faut justifier de 12 années d'affiliation. Dans cette durée entrent en ligne de compte les périodes travaillées, mais également certaines périodes pendant lesquelles l'intéressé n'a pas travaillé mais qui sont considérées comme telle par la réglementation de l'assurance chômage. Ce sont les périodes assimilées.

Plan d'aide au retour à l'emploi : c'est l'engagement de la part de l'ASSEDIC de verser une indemnisation, telle que le prévoit la convention, au chômeur qui n'a pas retrouvé un travail et de la part du chômeur de mettre tout en œuvre pour retravailler par le biais notamment de nouveaux outils de reclassement. Tout commence par un entretien approfondi avec l'ANPE.

Projet d'action personnalisé : son objectif est de définir les mesures d'accompagnement individualisées qui permettront au salarié privé d'emploi de retrouver un emploi. C'est au cours du premier entretien avec l'ANPE et avec l'agence que seront définies les aides nécessaires à mettre en place.

Portage salarial : cette formule permet de travailler de manière indépendante tout en étant salarié. L'intéressé doit décrocher une mission auprès d'entreprise et l'apporter à une société de portage. Cette dernière facturera les services fournis à l'entreprise cliente comme n'importe quel prestataire de service et rétrocédera à celui qui a apporté l'affaire les sommes encaissées sous forme de salaire après avoir prélevé les cotisations sociales et une commission qui atteint 10 à 15 % du montant de la facture.

R

Réadmission : opération effectuée par l'ASSEDIC lorsqu'un chômeur reprend une activité et se retrouve à nouveau au chômage. La réadmission consiste soit à reprendre le versement des allocations là où elles avaient cessé d'être attribuées, soit à verser les nouveaux droits issus de la dernière activité perdue.

Règlement chômage : à la convention d'assurance chômage est annexé le règlement qui fixe l'ensemble des règles applicables en matière d'indemnisation de la perte d'emploi.

Reliquat de droit : ce sont les droits nés lors d'une précédente rupture de contrat et que l'intéressé n'a pas totalement utilisés. La situation est la suivante : le chômeur a retrouvé un emploi qu'il a à nouveau perdu. Lorsqu'il s'inscrit comme demandeur d'emploi pour obtenir une indemnisation de chômage, l'ASSEDIC compare ce qui lui restait comme droit au moment de sa reprise d'activité (le reliquat de droit) et les nouveaux droits issus de son dernier contrat.

Reprise de droit : le reliquat de droit (voir ce mot) est versé car ceux acquis grâce au dernier contrat de travail sont moins importants.

S

Salaire journalier de référence : salaire de base à partir duquel est calculé le montant des allocations de chômage, mais également de préretraite. Il est établi à partir de l'ensemble des salaires, primes et gratifications soumises à cotisations sociales perçus au cours des mois précédant la fin du contrat de travail. Ce salaire est retenu selon le cas dans la limite d'une fois, deux fois ou quatre fois le plafond de la Sécurité sociale.

Suspension (de l'assurance chômage) : sanction prise à l'encontre du chômeur et qui consiste à le priver momentanément de ses droits à indemnisation.

T

Transaction : elle se greffe sur un licenciement, une démission ou un départ négocié. Par son intermédiaire, l'employeur et le salarié mettent fin à un litige présent ou futur, chacune des parties faisant des concessions. En général, moyennant une indemnité de rupture de contrat plus forte que celle qui aurait dû être versée, le salarié renonce à faire une action en justice. Lorsque la transaction est conclue dans le cadre d'un licenciement, les droits au chômage sont les mêmes que pour tout autre licenciement à une seule exception près : le délai de carence est calculé d'une façon particulière.

INDEX ALPHABÉTIQUE

A

B

C

Index alphabétique

Index alphabétique

S

T

V

Aubin Imprimeur
LIGUGÉ, POITIERS

Achevé d'imprimer en septembre 2004
N° d'impression L 67420
Dépôt légal septembre 2004 / Imprimé en France